KB233990

Special Education
for the Gifted Specialization

영재교육 특성화

Special Education
for the Gifted Specialization

영재교육 특성화

김성신 지음

한국학술정보(주)

목 차

III 연구의 방법 및 절차

IV 연구 결과의 분석 및 해석

V 요약, 결론 및 제언

I

서 론

A. 문제의 제기

최첨단 과학 시대인 21세기에 발전적으로 살아 갈 수 있는 창의성이 높은 인간을 기르기 위해서는 교육을 특성화해서 영재성을 육성해 주어야 할 것이다. 그런데 공교육을 시작한지 한 세기가 지난 오늘까지도 교육은 획일화의 틀에서 벗어나지 못하고, 태아부터 좋은 대학 입학이라는 궁극적 목표 아래 진행되고 있다.

교육의 획일화란 모든 학생을 하나의 이념적 틀, 인간형의 틀, 혹은 유능이라는 개념 틀 속에 묶어 주고 교육하는 것을 말한다. 이러한 틀로 인해서 개성이 뚜렷하고 다소 이질적이고, 튀고 별난 학생은 항상 교사와 학교로부터 지목 당하고 일탈자로 다루어지기도 했던 것이다. 별난 학생, 괴짜 학생, 개성이 뚜렷한 학생들이 소외되는 교육 풍토에서는 결코 창의적이며 융통성이 있는 학생이 생존하기가 쉽지 않고, 바람직한 방향으로 성장해 갈수가 없다.

한국인의 집단 지향성 혹은 높은 동조 성향(conformity) 즉 남들이 하듯이 해야 하고, 많은 사람들이 하면 따라하며, 남이 산 것을 사지 않으면 못 견디는 성향 때문에 자연히 가정, 학교, 사회가 획일적인 틀에 묶이게 된다. 이 획일적인 틀에 들어가지 못하는 학생들이 좌절하고 소외당함으로써, 개인적으로 더욱 성장할 수 있는 잠재력을 가졌음에도 그 가능성을 박탈당하게 된다. 오늘날의 학교 폭력, 청소년 비행, 범죄도 이 획일화가 부른 부산물의 하나인 것이다. 이런 각도에서 교육 개혁은 모두가 한결 같아서 변화가 없는 것을 극복하고 개성화와 다양화로 방향을 잡아야 할 것이다.

이에 본 연구자는 만 6세부터 만 9세까지의 아동들이 겪는 영재성 활동의 어려움을 분석하고 바람직한 방향으로의 포괄적인 영재성 향상 수업 정보를 제공함으로써 일상생활에서 자신의 생각이나 느낌을 바르게 표현하고 영재적인 활동을 자연스럽게 할 수 있도록 능력을 신장시켜야 할 것이다.

위와 같은 관점에서 이 연구의 문제를 제기하면 다음과 같다.
① 초등학교 교사들의 영재성교육에 대한 인식은 어느 정도인가?
② 초등학교 학부모들의 영재성교육에 대한 인식은 어느 정도인가?
③ 초등학교의 영재성교육 특성화는 어떻게 운영되고 있는가?
④ 초등학교의 영재성교육의 특성화 프로그램은 무엇인가?
⑤ 아동의 영재성교육 특성화를 위해 어떤 자료를 제공해야 하는가?

이러한 맥락에서 본 연구가 가지는 의의는 다음과 같다.
첫째, 아동들이 선호하고 참여하는 영재성 교육 프로그램을 통해 그들의 영재성 수준을 파악할 수 있으며, 지도교사들이 영재성 교육의 필요성을 이해하는데 도움을 줄 것이다.

둘째, 아동들의 영재성 교육 활동을 관찰하면서 특기와 적성 및 영재성을 파악할 수 있을 것이다.

셋째, 초등학교의 영재 교육 향상 프로그램에 관한 연구가 부족한 상태에서 후속 연구에 도움을 줄 수 있을 것이다.

넷째, 영재 교육 프로그램 적용에 따른 효과를 파악하여 관심 있는 관계자에게 도움을 줄 것이다.

다섯째, 아동 영재성 교육의 문제점과 개선 방안을 통해 영재성 향상 교육에 도움을 줄 것이다.

위의 문제점과 의의에 의거하여 본 연구에서는 다음의 가설을 설정하였다.

[가설 1] 아동의 영재성에 대한 교사와 학부모의 인식은 비슷한 수준이어서 평가와 설문에 대한 동질 집단으로 간주할 수 있을 것이다.

영재성 향상 프로그램을 일정 기간 적용하기 전에 교사와 학부모의 영재성의 인식은 비슷한 수준이어서 집단간 차이가 없을 것이라는 영가설을 설정하였다. 검증을 위하여 영재성 향상에 긍정적인 영향을 미치는가의 여부, 두 집단의 영재성 영역별 검사 점수를 비교하고, 사전에 실시한 영재성 검사 점수의 집단에 따라 그 인식의 정도가 다른가의 여부를 확인하기 위해 위와 같은 가설을 설정하였다.

[가설 2] 아동에 대한 영재성 계발 프로그램을 투입한 전·후의 교사와 학부모의 영재성 계발에 대한 인식은 차이가 없을 것이다.

영재성 향상 프로그램을 일정 기간 적용하는 것이 영재성의 언어와 탐구향상에 긍정적인 영향을 미치는가의 여부를 검증함에 있어서 동일 집단의 영재성 전·후검사 점수를 비교하고, 사전에 실시한 영재성 검사 점수의 집단에 따라 그 관찰의 정도가 다른가의 여부를 확인하기 위해 영가설을 설정하였다.

B. 연구의 필요성 및 목적

영재성은 인간의 중요한 지적 자산이므로 가정에서도 학교에서도 아동의 잠재력 계발을 중심으로 한 영재성교육 특성화에 관심을 갖는 것이 매우 중요하다. 나아가 지금까지의 교육의 획일성, 주입식 교육을 지양하고 인간이 가지고 있는 잠재력을 최대한 계발해서 개인적으로는 자아실현에 가치를 두고, 국가적으로는 사회 발전에 이바지하게 하는 영재교육 체제의 구축을 통해 영재성을 계발하는 것은 아동 자신은 물론 사회적으로 매우 큰 의미를 지닌다.

미래 사회에서 요구하는 인간형으로서 창의적인 인물을 기른다는 것은 우리가 21세기의 지구촌 사회와 치열한 국제 경쟁 사회에서 생존해 남고 더 나아가 선진화된 국가를 만들기 위해서는 어릴 때부터 호기심과 선한 동기를 가지고 문제를 해결하도록 길러야 하며, 이런 창의적인 사람이 다소 기존 질서를 파괴하는 일괄적인 생각과 행동을 한다 하더라도 그것들을 용납하는 창의성 교육 문화 풍토가 요구된다.

따라서, 아동들이 언제, 어디서, 누구에게나 자기의 생각과 느낌을 자신 있게 표현할 수 있고, 자연스럽게 대화 할 수 있는 다재다능한 능력을 신장시키기 위해 영재성교육 특성화 학습이 효과적인 방법이라 생각하여 본 연구를 시작하게 되었다.

본 연구는 위와 같은 관점에서 초등학교 저학년의 영재성교육 문제점을 분석하여 향후 영재성교육 특성화 프로그램 개발 및 학술적·실질적 연구가 더욱 활발히 이루어질 것에 대비한 준거 틀을 마련하는데 목적이 있으며 그 구체적 연구의 목적은 다음과 같다.

첫째, 아동들이 특기와 적성에 따른 독창적 활동을 하는데 필요한 영재성 교육 특성화 학습 자료를 개발·적용함으로써, 목적 상황에 맞는 영재성 방법을 터득하도록 한다.

둘째, 창의성 프로그램으로 학습된 영재성교육 특성화는 일상생활에 전이되어 원활한 창의 활동에 기여하도록 하기 위해 영재성 학습 지도 계획과 지도과정안을 구안하여 적용한다.

셋째, 개인별 수준차를 고려하여 지도할 수 있는 영재성교육 특성화 기초안을 마련하고, 체계적인 영재성 향상 학습 자료를 적용함으로써 잠재 능력을 신장시키는데 그 목적이 있다.

C. 연구의 제한점

1. 본 연구는 J도(지방)의 초등학교에서 실시한 아동 영재성 교육
   활동으로 제한하여 연구한 것이므로 그 결과를 전국 아동들의
   영재성 교육 활동으로 일반화하여 설명하기에는 한계가 있다.

2. 영재성 향상 프로그램은 천안서초등학교가 제작하고, 충청남도
   천안교육청이 보급한 자료와 지도교사, 국제영재교육연구회에
   서 재구성한 창의적인 프로그램이므로 전국 아동들에게 적용하
   여 같은 연구 결과를 기대하기에는 한계가 있다.

D. 용어의 정의

1. **아동(兒童, children)** : 본 연구에서 조사 대상으로 한 아동의
   연령은 만 6세부터 만 9세 사이의 초등학교 1학년부터 3학년까
   지를 말한다.

2. **영재 탐구 행동(英才 探究 行動, Gifted Search Acts)** : 영재는
   창의력이 풍부하고 항상 새로운 가능성에 대한 시도와 모험을
   즐기는 성향이 강하다. 자신감이 넘치며 민첩하고 다재다능해
   서 복잡한 문제 해결에 뛰어난 재능을 지녀서 늘 새로운 것을
   꿈꾸기 때문에 한 가지 일을 완수하기 전에 새로운 일에 뛰어드
   는 경향을 말한다.

3. **영재교육(英才敎育, Education of the Gifted)** : 특수교육의 한 분야로서 주로 수학, 과학 및 예·체능 분야의 영재를 대상으로 하는 교육을 말한다. 영재교육에 대한 관심은 교육의 평준화시책에 대한 비판과 특수교육의 개념이 확산되면서 부각되었다. 1985년 전국적으로 영재아동에 관한 판별조사가 추진되었으며, 이것이 아동들을 대상으로 하는 영재교육의 태동을 의미한다.

4. **학습 특성(學習 特性, Characteristics of Study)** : 학습 과정에서 유창한 언어를 사용하고, 자기 주위의 사물이나 현상에 관심을 갖고 스스로 학습하려는 경향이 강한 특성을 의미한다.

5. **동기 특성(動機 特性, Characteristics of Motive)** : 광범위한 분야에 걸쳐 강한 동기를 나타내며, 끈기 있는 집착력도 아울러 갖고 있는 특성을 의미한다.

6. **창의 특성(創意 特性, Characteristics of Original Idea)** : 특이한 결과 또는 일상적이 아닌 방법으로 문제를 해결하려는 경향을 보이고 있는 특성을 의미한다.

7. **리더십 특성(Characteristics of Leadership)** : 다양한 활동을 주도하는 등 리더 역할을 적극적으로 담당하며, 이를 수행하여 나아가는 특성을 의미한다.

8. **예술 특성(藝術 特性, Characteristics of Arts)** : 예체능을 포

함한 다양한 예술 분야에서 특별한 재능을 나타나는 특성을 의미한다.

9. **유머 특성**(**Characteristics of Humor**) : 익살스러운 말로 주변을 웃기는 등 유머 감각이 풍부한 특성을 의미한다.

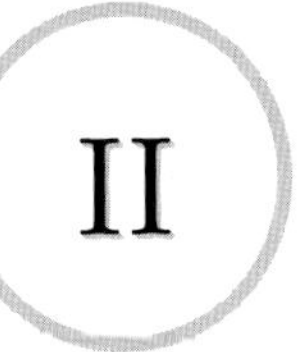

이론적 배경

A. 아동 영재성 교육의 기반 조성

1. 아동교육의 개념

a. 아동의 정의

아동이라는 말은 일반적으로 성인이라는 말에 대응해서 사용되고 있으며, 인간으로서는 심신(心身)의 성장 발달기에 있는자 다시 말하자면 한 사람이 성인이 될 때까지의 미성숙, 미완전한 상태에 있는자를 말한다. 심리적으로는 대체로 만 6세부터 12, 13세 까지를 즉, 초등학교 재학 중 및 그 전후의 연령에 해당하는 자를 가리키고 있다. 우리나라 아동복지의 가장 기본이 되는 아동복지법에서는 "아동이란 만 18세 미만인 자를 말한다."라고 규정하고 있다. 하지만 어느 면에 중점을 두고 생각해야 하는가 하는 문제가 있기 때문에 같은 영역을 연구하는 학자 사이, 그리고 여러 가지 법규에서도 아동을 몇 살까지로 정해야 하느냐 하는 아동과 성인의 경계를 설정하는 데는 여러 가지 견해가 있으며 결코 일치 하지 않는다(아동학연구회, 2006).

b. 아동중심 교육

아동중심 교육이란 교육의 중심에 아동이 있어야 한다는 것으로서 이 이론이 교육현장에 받아들여 진 것은 불과 백년도 채 되지 않는 최근의 일이다. 그 전까지의 교육은 사회에서 필요한 내용을 담아 놓은 정해진 교과 과정을 교사가 모든 아이들에게 동일한 방법으로 전달하는 과정으로 진행되었고 이때 아이들의 역할은 수동적으로 교사의 교육을 주입 받는 것이었다. 어떻게 그런 교육을 아이들에게 했을까? 하며 의문을 가질 수 있지만, 주위를 둘러보면 지금까지도 성행하고 있는 교육의 한 형태이기도 하다.

일선 교사들이 자주 사용하고 있는 용어 중 하나가 '아동중심'이다. 그러나 같은 용어를 사용하고 있다고 해도, 그것의 의미는 많은 부분에서 차이가 있다.

아동중심교육은 아동이 주도하는 교육(Child-initiated)으로써 사회중심· 성인중심· 교사중심· 서적중심 등 과거의 전통적 교육에 대하여 아동중심을 주장하는 교육운동의 하나로 18세기 루소(Rousseau) (Rousseau) 이후 강조되었고, 20세기 초의 휴머니즘, 카이(Kay)의 아동의 세계, 나아가 실험심리학과 실용주의 철학 등에 이론적 기초를 두고 전개되었으며 듀이(Dewey)에 의해 '아동의 흥미와 생활교육'의 형태로 이어졌다.

근대 아동중심교육은 페스탈로치(Pestalozzi), 프뢰벨(Froebel), 몬테소리(Montessori), 듀이(Dewey), 홀(Hall) 등을 통해 전개되었고, 20세기 이후에는 활동중심 통합교육, 프로젝트 접근법, '발달에 적합한 유아교육의 실제' 등 여러 교수방법과 밀접한 관련을 맺고 있다.

아동중심 교육은 아동의 인격을 존중하는 교육이며 아동을 존중하기 위해서는 우선 아동의 특성을 잘 이해하는 것이 필요하기 때문에 아동기가 지니는 특성을 독특한 것으로 인정하는 태도를 말한다. 아동기의 특징을 존중한다는 것은 아동중심교육이 발달론적 관점에 서 있음을 의미한다.

c. 아동 교육의 필요성

수요자 중심 교육의 교육사상적 배경은 사실상 인간주의 교육이론의 교육사상적 배경과 별로 다를 것이 없다. 고대 그리스의 인본주의 사상을 비롯하여 근대의 루소(Rousseau), 페스탈로치(Pestalozzi), 프뢰벨(Froebel) 등의 아동중심 교육사상, 그리고 현대의 듀이(Dewey)를 비롯한 진보주의 교육학자들의 이론은 수요자 중심교육, 학생 중심교육 또는 열린교육의 사상적 바탕이 되었음을 쉽게 알 수 있다.

특히 루소(Rousseau)의 아동중심교육사상은 아동의 재발견이라는 점에서 교육사적으로 볼 때에 코페르니쿠스적 대전환을 이룬 것이었다. 루소(Rousseau)가 에밀(Emil)의 서문에서 밝히고 있듯이, 당시 사람들은 아이들이 무엇을 해야 할 것인지에 대해서는 잘 알고 있었지만, 아이들이 무엇을 할 수 있는지에 대해서는 아는 것이 없었다. 소위 아이들을 가르친다고 하면서 아이들에 대하여 모른다는 것은 말이 되지 않는다. 루소(Rousseau)가 에밀(Emil)을 통하여 밝히고자 하였던 것은 아동의 세계를 존중하면서 아동을 아동답게 키워야 한다는 것이며, 아동을 잘못된 사회로부터 해방시켜야 한다는 것이었다.

이러한 그의 아동 존중 사상은 소극교육(negative education)으로 제시되기도 하였다. 소극교육이란 말 그대로 적극교육에 대립되는 것으로써, 인위적이고 직접적인 간섭을 억제하고 배제함으로써 아동의 자유를 보장하고, 아동의 자율성을 신장시키고자 했던 교육의 방법이었다. 이와 같이 소극교육은 아동의 자율성을 신장시킬 수 있는 적극적인 방법의 교육이었다고 할 수 있다. 누구를 위한 교육인가를 분명하게 깨우쳐주는 것이었다.

듀이(Dewey)에 이르러서 아동 중심 교육사상은 꽃을 피우게 되는데, 진보주의 교육 또는 새교육의 이름으로 우리에게 익히 알려진 교육 프로그램이었다. 그런데 이러한 교육 프로그램들이 우리에게 소개될 때에 당시 우리의 상황을 제대로 인식하지 않고 도입함으로써 좋은 성과를 거두지 못했던 것처럼 오늘날에도 여전히 새교육 도입 당시의 잘못을 되풀이하고 있는 느낌이다.

d. 아동 교육의 실천

아동교육의 실천은 자발성의 교육원리에 의해 개별화 교수 방법으로 진보적이고, 발전적 체제를 형성하여 경험중심, 인간중심의 교과과정을 실천해야 하며, 특히 생활 경험을 내용으로 하는 교육을 통해 아동에게 익숙한 환경 속에서 자신감을 갖고 행동할 수 있도록 하여 개개인의 개성을 중시하는 교육이 이루어져야한다.

아동중심 교육사상은 억압적이며, 지배적인 교육에 대한 반발에서 시작되었는데 중세시대에는 아동은 원래 태어날 때부터 이기적이며, 충동적이고, 자제력이 없는 존재라고 생각하였다. 교사는 교육을 통하여 아동들의 이러한 거칠고 동물적인 본능적 행동을 순화하여 절제할 줄 알고, 이성적으로 사고하고 행동하며, 남을 배려하고 위할 줄 아는 존재로 교육시켜야 하며, 이를 위하여 아동들에게 엄격한 훈련과 전통적인 지식 체계를 주입시켜 주고, 도덕적인 덕성을 함양시켜 주어야 한다고 하였다.

그러나 아동중심 교육사상가들은 이러한 방식의 교육 형태에 반대하였다. 그들은 아동은 선천적으로 착한 존재로 태어나며, 그들이 악하게 되는 것은 단지 나쁜 사회적 환경의 영향 때문이라고 주장하였다. 교육은 아동들의 원래의 착한 기질과 성품, 그리고 아동 내부의 잠재적인 능력이 사회의 나쁜 영향을 받지 않고 제대로 성장할 수 있도록 도와주는 것이다. 교사는 단지 아동들이 소유하고 있는 내부적인 잠재력이 자라날 수 있도록 지켜보아 주고 보호해주는 소극적인 역할만을 담당해야 한다. 즉 민주적 인간 양성을 위한 전인 교육이 이루어져야한다.

이러한 점에서 교육은 식물의 성장 과정에 비유되어 설명될 수 있다. 예를 들어, 콩이 자라서 콩 넝쿨이 되는 과정을 생각해 보자. 콩은 그것이 자라서 커다란 넝쿨로 성장할 수 있는 잠재력을 가지고 있다. 그러나 그 콩이 싹이 트고, 잎이 자라서, 넝쿨이 되기 위해서는 좋은 토양, 거름, 물, 햇빛 등이 있어야 한다. 이러한 환경적 여건이 제공될 때, 비로소 콩은 커다란 넝쿨로 성장할 수 있다. 콩이 자라서 결코 사과나무가 될 수는 없다. 이것은 모든 씨앗들은 제각기 고유의 선천적인 특성을 지니고 있고 교육은 원래부터 소유하고 있는 이러한 특성들이 제대로 성장할 수 있는 환경적 여건을 제공해 주는 것이라는 점을 알려주는 예이다. 또한 단순한 글자 암기나 숫자 세기 등의 학습보다는 놀이, 흥미 위주의 교육을 해야 할 것이다(영재교육연구회, 2005).

e. 아동 교육의 실제

영국의 교육은 아동의 흥미와 필요에 기초하여 다양한 환경과 학습 자료를 제공하고 이를 통한 활동 중심 학습과 개별화를 강조하였다. 이러한 영국의 비형식 교육은 프뢰벨(Frobel), 몬테소리(Montessori), 페스탈로치(Pestalozzi) 등에 의한 감각적 경험의 중시, 피아제(Piaget)의 인지 발달 이론, 미국의 듀이(Dewey)를 중심으로 하는 진보주의 교육의 영향을 받으면서 점진적으로 발달하여 왔다. 그러나 1920-30년대까지만 해도 교사 중심의 일제식, 주입식 수업이 영국 초등학교 교육의 일반적인 모습이었다. 그러다가 제2차 세계대전이 일어나자 영국 교사들은 폭격이 심한 도시에서 피난하여 교실이 아닌 넓은 공간에서 연령이나 학습 수준에서 차이가 나는 아동들과 함께 생활하면서 가르칠 수밖에 없는 상황에 부딪쳤다. 그러나 이와 같은 전시 교육은 의외의 교육적 효과는 물론 아동들의 관심은 각기 다르며 관심이 있는 일에는 매우 열중하고 자신이 참여한 활동을 통하여 지식을 얻는다는 새로운 사실을 발견하게 되었다. 이와 같은 비형식 교육은 전쟁이 끝난 후 더욱 확산되어 교사들은 각 교과를 주제와 관련하여 통합하고 교실 안팎의 환경을 이용하며 능력과 수준이 다른 아동들에게 다양한 학습 자료를 주어서 스스로 학습할 수 있도록 하는 교육 방법을 발전시켰다.

한편 미국에서는 듀이(Dewey) 등과 같은 진보주의 교육자들의 영향으로 1930-40년대에 이미 아동 중심 교육이 시도된바 있었으나 1950년대 소련의 우주선 스프트닉호 발사에 충격을 받은 미국에서는 수학, 과학 등의 개별 과목에서 학문적인 프로그램을 강조하게 되었다. 그러나 미국 사회 전반적으로 자유와 인권이 강조되던 1860년대에는 열린 교육의 출현을 뒷받침 할 수 있는 거리 학교와 지역사회 학교의 출현, 무학년제, 탐구 학습, 창의성의 강조와 같은 교육 개혁 운동이 다시 나타나게 되었다. 이와 같이 미국에서는 1960년대 중반에서 1970년대 중반에 걸쳐 열린 교육 또는 열린 교실이라고 이름 붙여진 영국식 교육이 크게 유행하게 되었다. 열린 교육이야말로 비인간화로 비판받던 미국 학교의 문제를 해결할 수 있는 수단으로 믿었기 때문이다. 이와 같이 영국의 비형식교육의 발전과 미국으로의 확산 과정에서 열린 교육의 중심 개념이 되고 있는 아동 중심 교육이 일관되게 강조되어 왔음을 알 수 있다.

f. 초등학교 1, 2학년의 발달 특성

1) 심동적 발달특성(心動的 發達特性, Heart Move Development Special)
　① 일정한 기능을 전 학습자에게 모두 습득하도록 하는 것은 바람직하다.
　② 유아기 보다는 성장이 느리지만 신체와 체력발달이 왕성하다.
　③ 신체활동이 활발하고, 끊임없이 몸을 움직인다.
　④ 활동적일 수 없을 때 침착하지 못하게 된다.

⑤ 지구력이 약하다.

⑥ 피로 회복이 잘 된다.

⑦ 손과 눈의 협응력이 불완전 하지만 발달한다.

⑧ 손과 발의 소근육 보다 몸통, 팔, 다리의 대근육이 더 많이 발달한다.

⑨ 눈은 초점을 맞추는 것이 느리고 초기에는 원시적이다.

⑩ 뼈는 단단해지고, 몸무게와 키에 비해 심장과 폐는 작다.

⑪ 반응시간이 어른의 절반 정도다.

⑫ 남자어린이의 우연한 사고는 사망의 원인이 된다.

심동적 특성에 따른 지도방법은 첫째, 몸을 움직일 수 있도록 구성하는 것이 필요하다. 둘째, 신체활동 후 휴식시간을 갖고, 대략 12시간 정도의 수면이 필요하다. 셋째, 매달리기, 달리기, 뛰기, 걷기, 물체 던지기, 공놀이, 콩 주머니, 던지기 등과 같은 신체의 각 부위가 포함된 다양하고도 활발한 종류의 신체활동 경험이 요구된다. 넷째, 지속시간 짧은 신체활동에 많이 참여하고, 점수와 상관없이 좋아하는 게임을 자주하게 한다. 다섯째, 안전하게 노는 방법을 알게 한다.

2) 인지적 발달특성(認知的 發達特性, Recognitive Development Special)

① 구체적인 사고의 단계로 논리적, 형식적, 추상적 사고 능력이 부족하다.

② 자기중심적인 사고(자신의 관점과 다른 사람의 관점을 아직 구분하지 못함)가 강하다.

③ 주의 집중력이 약하다.

④ 상상력이 풍부하고, 대단히 모방적이며, 호기심 많다.
⑤ 리듬과 율동적 소리를 즐긴다.

　인지적 특성에 따른 지도 방법으로는 첫째, 구체적인 경험을 통한 교육, 언어적인 설명이나 추상적인 사고에 의존하기보다는 구체적인 놀이나 활동에 의한 학습으로 학교가 즐거운 장소가 되도록 한다. 둘째, 신체인지, 자아개념, 리듬감, 기본 운동 능력을 계발시켜주기 위한 특정한 사람·사물·동식물 등 모방, 흉내 내기, 표현놀이, 공, 줄 벽 돌쌓기, 물놀이, 기구놀이 등 다양한 게임과 활동의 기회를 제공해야 한다. 셋째, 드럼이나 방울소리, 음악적인 박자, 목소리 등과 같은 리듬소리에 반응하기를 익히도록 한다.

3) 정서적 발달특성(情緒的 發達特性, Emotion Development Special)
　① 감정 상태의 기복이 심하며 자주 화를 내며, 감정을 적절히 조절하지 못하기 때문에 공격적인 성향을 보이는 경우도 있다.
　② 소유욕이 감소한다.
　③ 애정과 인정에 대한 욕구가 강하다.
　④ 상처받기 쉽고, 항상 다른 사람의 관심을 필요로 한다.
　⑤ 불안과 두려움을 잘 느낀다.
　⑥ 주변인물의 변화에 매우 예민하고, 상상속의 사건이나 인물에 대해서도 즐거움과 공포심을 쉽게 갖는다.
　⑦ 정서적 반응이 광범위하고 다양하게 나타난다.
　⑧ 자발적으로 집단에 끼어 활동하기 원한다.

⑨ 친구를 갖는데 흥미를 느낀다.

⑩ 규칙, 선악 등 간단한 예의범절 등의 도덕적 행동에 관심을 갖는다.

정서적 특성에 따른 지도방법으로는 다른 사람과 나눠 갖는 것, 혼자 또는 그룹으로 노는 것을 배워야 한다(송길연, 2001).

2. 영재성의 의의와 개념

a. 영재성의 필요성

현대 사회의 특성을 표현하자면 지적 능력의 가치가 그 어느 때보다 높은 시대요, 시시각각으로 변화하는 환경에 적절하고 독창적으로 대처할 수 있는 창조적인 인력이 그 어느 때 보다도 절실히 요구되는 시대라고 할 수 있으며, 다음과 같은 이유에서 그 필요성을 느낄 수 있다.

첫째, 국가 사회적인 재능의 손실을 방지하는 것이다. 영재 아동의 잠재 능력을 계발하는 데 있어서 실패하는 것은 사회적인 비극이다 (Callahan, 1991).

둘째, 국가와 사회의 무궁무진한 발전을 위해 필요하다.

셋째, 21세기 다가올 미래 사회의 현실에 능동적인 대처를 위해 필요하다.

교육의 근본은 인간 교육에 있다. 자신을 소중히 여기는 정신에서 출발하여 모든 인간을 가치 있게 여기는 인간 존중의 입장에서 생각하고, 행동하는 창의적인 인간을 길러 내는 데 교육의 기본이 있는 것이다.

한 개인 개인의 인간 됨됨이는 그 사람의 전체를 대상으로 하는 것이지, 어떤 부분을 대상으로 하는 것이 아니기 때문이다. 영재성 교육을 잘하기 위해서는 아동들이 폭 넓은 안목과 원만한 인격을 갖추며, 개성이 있고 창의성이 풍부한 인물이 되도록 도와야 한다.

사람은 교육을 통해 참다운 인간으로 성장한다. 그러나 인간으로 되어 감에 있어서 완성이 있을 수 없으므로 순간순간 최선을 다하여 일생을 통해 배워야 하되 특히 미성숙 단계인 초등학교 시절의 영재성 교육은 평생의 삶을 좌우하게 되므로 바람직한 방향으로 기반을 조성해 주어야 할 것이다.

b. 영재성의 개념

영재성의 개념은 일반적으로 빠른 학습 속도와 높은 지적 능력을 갖고 있으며, 다양한 흥미, 자율적인 학습 태도, 끈질긴 과제 집착력, 자아실현에 대한 강한 욕구 등으로 정의할 수 있다.

로에델(W.C. Roedel), 잭슨(N.E. Jackson), 로빈슨(H.B. Robinson)은 영재성의 개념을 매우 복잡한 것으로 이에 대한 설명은 해마다 달라지고 있을 뿐만 아니라 연구자마다 각기 다양한 의미로 해석하고 있으며, 영재성을 정의함에 있어서 다음 요인의 영향을 받게 된다고 밝히고 있다(태진미, 2006).

첫째, 영재성의 정의는 그 사회가 추구하는 가치에 따라 달라진다. 이는 곧 앞으로도 바뀔 수 있다는 의미이기도 하다.

둘째, 영재성의 정의에는 대부분 전문적인 탁월함이나 인정될 만한 성취 등이 포함된다.

셋째, 영재성을 지능이나 지적 특성 등 단일 특성으로 보는 견해와 다중지능(다원 지혜) 등 다 요인으로 보는 견해가 있다.

넷째, 영재성의 정의는 프로그램 설계와 직접적으로 관련되어 있다.

다섯째, 영재성의 정의는 발명품 등 산출물과 관련되어 있다.

3. 제7차 교육과정과 영재 창의성 교육

제 7차 교육과정 기간은 홍익인간의 이념 아래 모든 국민으로 하여금 인격을 도야하고, 자주적 생활능력과 민주시민으로서 필요한 자질을 갖추게 하여 인간다운 삶을 영위하게 하고, 민주 국가의 발전과 인류공영의 이상을 실현하는데 이바지하게 함을 목적으로 하고 있다.

창의력을 '무엇인가 새로운 것을 창안하는 능력'이라고 한다면, 창의력 교육에서는 새로움이 무엇을 의미하는가를 중요하게 생각한다. 만일 지금까지 인류가 가지고 있지 않은 새로운 것을 만들어 내는 것을 창의력이라고 본다면, 창의력을 소유하는 것은 노벨상 수상자에 필적하는 사람에 제한되어 버릴 것이다.

그러나 뇌에 관한 연구들에 따르면, 창의력은 특정한 발명가나 과학자 또는 예술가나 문학가뿐만 아니라 모든 사람이 잠재적으로 가지고 있는 능력이라고 한다. 그러므로 창의력을 계발하는 교육은 아동이 가지고 있는 잠재적인 모든 가능성을 발현시키도록 하는 전인교육의 일환으로 이루어져야 한다. 특히, 영재교육에서의 창의력 계발은 사회에서 받아들여지고 있는 일반적인 의미를 넘어선다. 왜냐하면, 이미 사회적으로 획득된 것이라 해도 아동에게는 참신한 것이

될 수 있고, 그 의미 체계를 재구성하는 것 역시 훌륭한 창의라고 할 수 있기 때문이다(교육인적자원부, 2006).

따라서, 아동의 언어와 행동 교육을 통해 이와 같은 창의의 체험을 축적하게 하는 것은 교육적으로 중요하다. 즉 자율과 창의에 바탕을 둔 아동 중심의 영재성 함양 교육이 추구하는 인간상은 다음과 같다.

> 가. 전인적 성장의 기반 위에 개성을 추구하는 사람
> 나. 기초 능력을 토대로 창의적 능력을 발휘하는 사람
> 다. 폭넓은 교양을 바탕으로 진로를 개척하는 사람
> 라. 문화에 대한 이해의 토대 위에 새로운 가치를 창조하는 사람
> 마. 민주 시민 의식을 기초로 공동체 발전에 공헌하는 사람

위와 같이 영재성이 있는 학생을 육성하기 위해서 교육인적자원부에서는 첫째, 국민 공통 기본 교육과정의 편성과 학생 선택 중심교육과정의 도입에 중점을 두었다. 초등학교 1학년부터 고등학교 1학년까지를 국민공통 기본 교육기간(10년)으로 설정하여 학년에 따라 일관성 있는 교육을 실시하고, 고등학교 2, 3학년에서는 교과에 따라 일반 선택과 심화 선택으로 나누어, 다양한 선택 과목을 개설하여 과정·계열의 구분 없이 운영함으로써 학생의 선택 폭을 넓혔다.

둘째, 수준별 교육과정의 도입이다. 학생의 능력(개인차)에 따른 다양한 교육 기회를 제공하기 위하여 교과 특성에 따라 단계형, 심화·보충형, 과목선택형 등 세 가지의 수준별 교육과정을 도입하였다.

셋째, 재량 활동의 신설·확대다. 자기 주도 학습 능력의 신장을 위한 범교과 활용 재량 시간을 학교, 교사, 학생이 함께 선택할 수 있게 하였다.

넷째, 학습량 최적화와 수준 조정이다. 학습 부담을 줄이기 위해 교과별 최저 필수 요소 중심으로 학습 내용을 정선하고, 범위와 수준도 조정하였다.

아울러, 학교급별 이수 과목 수도 축소하였다.

다섯째, 교육과정 평가 체제 확립이다. 학생이 성취해야 할 교과별 성취기준을 설정하고 이 기준에 따라 학력을 평가한다. 학교별로 편성하는 교육과정의 평가 체제도 확립하였다.

여섯째, 창의성, 정보 능력 배양을 통한 영재교육이다. 정보화 시대를 맞이하여 컴퓨터 교육과 개방적, 창의적 교육활동을 강화하였다.

4. 영재교육의 확대 필요성

a. 국가적 측면

21세기 지식기반사회에서 국가간 우열은 두뇌경쟁에 의해 좌우된다. 이제 이데올로기로 인한 냉전시대는 이미 막을 내렸다. 세계는 두뇌전쟁, 과학 전쟁의 시대로 돌입하였다. 정보화 시대에서의 국제간 경쟁은 매우 치열하다. 과학 공상영화 한편이 벌어들이는 수입은 컬러텔레비전 3000만대를 수출해서 벌어들이는 수입과 맞먹는다. 소아마비 왁찐 하나를 발명함으로써 한 국가의 1년 예산을 외화로 벌어들일 수 있다. 과학자 한명은 200만 명을 먹여 살릴 수 있다는 것은 이제 누구나 다 아는 일이다. 그만큼 두뇌의 경쟁이 치열해져서 고급두뇌를 양성하는 것이 중요한 시대가 되었다. 그러므로 탁월한 소수 정예의 고급두뇌 집단을 국가차원에서 집중적으로 양성, 확보 및 활용하는 것이 경쟁우위 선점의 관건이다.

그러나 오늘의 우리 현실은 이에 대응할 고급 두뇌양성 정책이 미흡한 실정이다. 획기적이고 지속적인 영재교육을 실시하지 않고서는 마이크로소프트사의 빌 게이츠나 스필버그감독, 김종훈(전 유리 시스템스 사장), 손정의(소프트뱅크 사장)와 같은 지식시대의 리더가 육성될 수 없다. 어려운 시기일수록 우수인력에 대한 투자가 필요한데, 그 좋은 예가 핀란드이다. 1991년도 경제위기를 맞은 핀란드는 적자 재정까지 편성하여 과학기술인력양성에 투자를 확대함으로써 1998년 하이테크 수출만으로 80억 달러를 거두어들이는 성과를 거두었다.

b. 개인적 측면

누구나 타고난 잠재력을 최대한 계발할 권리가 있다. 개인적인 측면에서는 영재들이 뛰어난 사람, 남 다른 사람이기 때문에 오히려 푸대접받는 교육·사회·문화 여건 속에서 창의성을 충분히 계발시키지 못하고 있다. 그래서 "영재"들에게도 "범재"와 똑같은 교육방식을 강요하고 있다. 뛰어난 영재가 푸대접받는 교육현실을 살펴보면 다음과 같은 사례들이 있다.

최○○군(초등 2년, I.Q. 141)은 입학 전에 이미 2,000여권의 책을 읽었으며, 교과서 한 페이지를 0.1초에 소화해 내는 속독능력이 있어 보통 아이들의 속도로 진행되는 학교수업이 괴로울 수밖에 없다.

정○○군(12세, I.Q. 157)은 한국교육개발원이 실시한 과학적 창의성검사에서 초·중·고생을 통틀어 전국 최고수준이라는 평가를 받았으나, 또래들과 학습 진도가 맞지 않아 수업 중 엉뚱한 질문을 하거나 딴 짓을 하는 등 담임교사에게 문제아로 인식되어 서울의 여러

학교를 전전하다가 결국은 시골로 내려갔다.

　이와 같이 학생들 간에는 개인차가 있어서 지적 수준이나 재능에 따라 소화해 낼 수 있는 학습 내용의 수준과 양이 다르고 따라서 학생들의 수준에 따라서 학습 방법과 학습자료, 학습 내용이 달라야 한다. 우수한 학생은 많은 양을 빨리, 깊이 있게 소화해 내는 데 비하여, 보통 학생은 그보다 적은 양을 겉핥기식으로만 소화해낸다. 이런 차이로 인하여 대부분의 학생들이 하나를 배우기 위해서 한 번 학습한다면, 영재들은 "하나를 배우면 열을 깨우친다." 그러나 장애가 있는 특수아들은 하나를 배우기 위해서 열 번 반복 학습해야 한다.

　헌법에는 누구나 타고난 잠재능력을 최대한 계발할 권리가 있음이 명시되어 있다. 장애가 있는 특수아동과 마찬가지로 특수재능아, 또는 영재들도 정규 교육과정만으로는 그들의 잠재력을 최대로 계발하기 어려운 특수아이다. 이미 장애가 있는 특수아에 대한 조치는 일반 학교에서도 어느 정도 이루어져 있다고 해도 과언이 아니다. 그러나 그 반대쪽의 특수아인 영재들에 대해서는 일부 학교를 제외하고는 지금까지 특별한 조치를 취하지 못한 것이 사실이다.

　이들에게 지적으로 자극적이고 도전적인 학습 환경이 계속적으로 제공되기만 하면, 이들의 생산적 창의성은 무궁무진할 수 있다. 영재교육은 이렇게 학습속도가 빠르고 기억력이 우수한 아이들에게 지적으로 자극적이고 도전적인 학습 환경을 제공하여 그들의 잠재력을 최대한 계발하는 한 방법으로 기능할 수 있다.

5. 영재교육의 목적 및 정의

영재란 어떤 사람인가에 대한 관심은 오래 전부터 있었으나 아직까지 그 정의에 대하여 일치된 견해를 찾아보기가 힘들다. 터먼(Terman)은 지능검사 결과 동일 연령 집단에서 상위 1% 이상인자를 영재라고 정의하였다. 미국 연방정부의 교육특별위원장(U.S Commissioner of Education)은 1972년에 영재교육에 관한 답신 보고서를 제출한 적이 있는데 이 보고서에서는 영재(Gifted and Talented Children)란 뛰어난 능력과 높은 성취 가능성이 있다고 전문가들에 의해서 판별된 아동들이다. 이들은 그들 자신이나 사회에 공헌하기 위하여 학교의 정규 교육과정 이외에 특수교육 프로그램이나 교육적 조치를 필요로 하는 어린이들이라고 정의하고 있다.

한국교육개발원 등에서는 영재란 동일 연령의 다른 사람들에 비교하여 창의력, 탐구력 등 여러 영역에서 85%이상에 속하고 그 중의 한 영역에서는 적어도 98% 이상에 속하여 창의성 분야의 탐구활동에 강한 흥미와 긍정적인 태도를 소유한 사람이라고 정의하고 있다.

따라서 영재란 일반적으로 빠른 학습 속도와 높은 지적 능력을 갖고 있으며, 이외에도 다양한 흥미, 자율적인 학습태도, 끈질긴 과제 집착력, 자아실현에 대한 강한 욕구가 있는 자로 정의할 수 있다(오치선, 2005).

a. 말랜드(Marland)의 정의

영재란 "뛰어난 능력을 갖고 있어서 높은 성취를 보일 가능성이 있는 자로서 자신과 사회에 기여하기 위해 정규학교가 제공하는 것 이

상의 특별한 교육프로그램이나 도움을 필요로 하는 사람을 일컫는
다."라고 정의하고 있으며 여섯 개의 영역으로 영재성을 구분하였다
(오치선, 2005).

　　1) 일반적 지적 영역
　　2) 특수한 학업 영역에서의 우수성
　　3) 창의적인 능력
　　4) 지도자의 능력
　　5) 시각예술 능력
　　6) 정신운동 능력

　말랜드(Marland, 1972)는 미국 연방정부의 교육부에 제출한 보고서
에서 영재학생은 '능력이 뛰어나 전문가에 의해 탁월한 성취를 보일
가능성이 있다고 판단되는 자로서, 그들이 사회에 공헌하고, 자기 성
장에 도움을 줄 수 있도록 잠재력을 계발시키기 위해 특수한 교육 프
로그램을 필요로 하는 자'로 정의하였다. 그러므로 지적 능력, 학업성
적, 창의력, 지도력, 예능적성, 정신운동 능력의 모든 면이 고려되어
야 한다고 하여, 사회가 가치를 부여하는 모든 영역에서 영재학생이
출현 할 수 있음을 강조하였으며, 특히 돋보이는 특징으로 창의력을
들었다.

b. 렌쥴리(Renzulli)의 정의

　영재란 "평균 이상의 지적능력, 과제에 대한 집착력, 높은 창조력
을 겸비한 사람"이라고 정의하였으며 다음과 같은 행동 특성을 들었

다(오치선, 2005).

1) 자신의 또래에 비하여 수준 높은 어휘를 구사한다.

2) 유창한 언어를 구사하며 표현이 다양하고 정교하다.

3) 다양한 주제에 대하여 많은 정보를 알고 있다.

4) 사실적 정보를 쉽게 습득하고 빨리 회상해 낸다.

5) 인과관계에 대한 통찰력이 뛰어나다.

6) 도발적인 질문, 왜, 어떻게 등의 질문을 많이 한다.

7) 현상의 기저에 깔려있는 원리를 빨리 파악하고, 파악한 원리를 타당하고 용이하게 일반화한다.

8) 관찰력이 뛰어나서 같은 것을 보거나 듣더라도 남보다 많은 것을 알아낸다.

9) 독서량이 대단히 많고 성인 수준의 책을 읽는다.

10) 복잡한 사물을 해부하고 조립해 봄으로써 그 기능을 스스로 파악해 보고자 한다.

11) 다양한 부분에 대해 관심을 갖는 것이 보통이지만, 여러 분야에 대해 동시에 관심을 갖기보다는 하나의 분야에 특히 관심을 보이고 다른 분야에 대해서는 전혀 관심을 갖지 않는 경우도 많다.

렌쥴리(Renzulli, 1978)는 평균이상 능력(Abilities : 과학, 문학, 수학, 예술 등 어느 영역에서든지 평균 이상의 능력만 갖추면 된다는 것), 창의성(Creativity : 새로움에 이르게 하는 개인의 사고 관련 특성), 과제 집착력(Commitment : 어떤 한 가지 과제 또는 영역에 자신의 에너지를 집중시키는 힘)의 세 요소를 도입하여 삼원개념을 제안하고, 영재학생은 이 중의 어느 한 요소만이 특출하게 높은 사람이 아니라 이 세 가지 요소에서 모두 평균 이상 특성을 소유하고 있다고 주장하였다.

c. 영재성 정의의 비교

영재교육의 기초는 학생들이 타고난 잠재적 영재성을 다 발휘하게 해 주는 교육이어야 한다. 영재가 잠재적 영재성을 유감없이 발휘하려면 첫째, 영재에게 적절한 교육환경이 되어야 하고 둘째, 알맞은 교수·학습 방법이 이루어져야 하며 셋째, 낙제생이었던 아인슈타인과 에디슨이 교사와 부모의 칭찬에 의해 그 천재성을 발휘했던 것처럼, 잘하는 것 하나를 칭찬해 주는 지도 자세가 중요하다. 그래서 영재교육에 앞서 지도자 교육이 선행되어야 한다(오치선, 2002). 특히 지적 능력에만 치우치지 말고 게임과 놀이에서 창의성이 나타날 수 있도록 오랜 기간을 통해서 교사가 관찰하고 누가 기록을 통해 영재학생이라고 추천해야 한다.

평범한 기업 직원으로 2002년 노벨화학상을 수상한 일본 시마즈 제작소의 다나카 고이치(中耕一, 일본 국립 동북대학 출신)의 경우에서 보더라도 한국식의 여러 과목 우수생은 아니었으나 과학과목의 성적이 특히 우수하였으며 탐구활동에 취미를 보였고, 그 분야의 뛰어남을 살려서 꾸준히 노력한 결과, 시미즈(島津)제작소에서 여러 번의 실험을 계속하여, 생체고분자 질량분석기를 개발하여 인류 복지에 큰 이바지를 하고 위대한 결과를 찾아내게 되었다. 소속된 회사에 기여한 면만 보아도 2003년도 1/4분기에는 작년 동기에 비하여 6% 매출이 증가하여 시미즈 제작소가 사상 최대인 2,042억 엔의 매출을 올리게 하였다. "실패하더라도 주저하지 말고, 확신만 서면 꾸준히 계속하여 노력하라."는 그의 수상 소감이 영재 지도자에게 큰 도움이 되고 있다.

이와 같이 영재교육을 잘 시키면 국가 발전은 물론 인류 발전에 큰 공헌을 가져오지만 영재교육을 잘못 추진하면 사람을 죽이는 기술자를 양산할 수 있고, 인류의 파멸을 초래 할 수도 있는 것이다.

영재란 '특정 영역에서 새로운 문제에 봉착하였을 때, 이를 창의적인 방법으로 해결해 낼 수 있는 가능성이 있는 사람'을 지칭하고 있으나, 대표적인 학자들의 정의를 살펴보면 다음과 같다.

터만(Terman, 1925)의 '천재의 유전적 연구'의 스탠포드 비넷(Stanford Binet) 지능검사에서 지능지수가 140이상인 학생을 연구 대상으로 인지적 측면을 강조하였다. 그러나 지능이 심리 측정 도구에 의해 측정된 일반적인 능력으로 개념화되면서 영재성에 성취도가 추가되었다.

위티(Witty, 1951)는 영재학생을 "가치 있는 인간사에서 높은 성취를 꾸준히 내 보이는 사람"이라고 하여, 지적인 측면뿐만 아니라 사회적인 면에서의 우수성도 고려하기 시작하였다.

미국교육학회(1958)는 영재학생을 '아이디어를 조작하고, 사회적 지도력을 내 보이는 높은 수준의 능력을 가진 학생'이라고 정의하였다. 이와 같은 높은 지능, 높은 성취력, 아이디어의 조작, 높은 사회적 지도력 등의 영재학생에 대한 정의는 양적으로 설명되지 않은 점 때문에 논란이 그치지 않았다.

루시토(Lucito, 1972)는 영재학생을 '지적능력이 적절한 교육경험을 통해 미래의 문제 해결로 이끌어 가는 높은 수준의 사고력을 지닌 학생'이라고 하여 교육경험의 용어를 등장시켰고, 적절한 프로그램과 관련지어 강조했다.

6. 영재의 특성 비교

영재의 특성을 밝히려는 노력은 영재의 정의와 불가분의 관계를 갖고 전개되어 왔는데 영재연구 초기에는 영재를 일종의 비정상적 관점에서 파악했기 때문에 그 특성 또는 비정상이라는 주장이 많았다. 이를 보면 '몸이 허약하다.' '건강하지 못하다.' '성격이 괴팍하다.' '이기적이다.'라고 했으며 이러한 말은 초기의 영재연구에서 나타난 특성들이었다.

그러나 영재에 관한 고전적인 연구자인 터먼(Terman, 1925)의 '천재의 유전적 연구'에서는 이들 주장이 근거가 없으며 잘못이라는 것을 실증적인 연구를 통해 밝혔으며, 영재는 구체적인 면에서 일반적으로 건강한 편이고, 사회적인 면에 있어서도 사회성의 발달이 빠르고 지도력이 있으며 정서적인 면에서도 명랑하고 자신감을 가지고 있어 자주적으로 문제를 해결 극복해 나아가는 능력도 우수하다는 것이다.

1971년 미국의 심리학자 렌쥴리(Renzulli)와 하트맨(Heartman)은 영재의 행동 특성 평정 척도에서 학습 특성, 동기적 특성, 창의적 특성, 지도적 특성의 4영역으로 나누었다.

a. 학습 특성

학습 과정에서 유창한 언어를 사용하고, 자기 주위의 사물이나 현상에 관심을 갖고 스스로 학습하려는 경향이 강하다.

1) 나이에 어울리지 않을 정도로 뛰어난 어휘력

2) 다방면에 걸친 풍부한 정보 활용

3) 실용적인 정보의 빠른 획득과 정확한 기억

4) 인과관계에 대한 빠른 통찰, 사물의 원인을 규명하는 욕구

5) 원리파악과 빠른 일반화 능력

6) 날카롭고 기민한 관찰력

7) 많은 독서량(어른들이 읽는 책을 선호함)

8) 사물에 대한 이해 분석 능력, 추리력, 논리적인 해결 방안의 탐색

b. 동기적 특성

광범위한 분야에 걸쳐 강한 동기를 나타낼 뿐만 아니라 끈기 있는 집착력도 아울러 갖고 있다.

1) 문제에 몰두하고 탐닉하는 경향, 일을 완벽하게 끝마치는 지구력

2) 일상적인 일에 쉽게 싫증을 내는 경향

3) 외적 동기에 무관심하고 내적 동기에 충실

4) 선생님의 방향제시가 별로 필요하지 않는 독자적인 학구파

5) 자성적인 완벽주의자

6) 종교, 정치, 성(性)등 성인 문제에 관심을 보이는 조숙자

7) 자기주장이 강하고 신념을 굽히지 않으려는 외고집

8) 사물과 문제 상황을 구조화하기를 좋아함

9) 정의와 불의에 대한 깊은 관심

c. 창의적 특성

자기의 과업에 심사숙고하며, 특이한 결과 또는 일상적이 아닌 방

법으로 문제를 해결하려는 경향을 보이고 있다.

1) 많은 문제에 관한 다양한 호기심
2) 문제해결에 필요한 많은 아이디어를 창출과 현명한 응답 능력
3) 의견 개진과 표현의 융통성, 때때로 급진적이고 대담한 견해 표명
4) 대단한 모험가 : 모험적이고 초 상식적인 경향
5) 지적 유희나 공상 또는 꿈을 좋아하는 경향
6) 날카로운 유머감각, 유머 요소를 발견하고 적응해 내는 센스
7) 자신의 충동에 대한 비상한 자각과 높은 감수성
8) 뛰어난 미적 감각
9) 건설적인 비판 : 권위적인 것을 배격하는 태도

d. 지도적 특성

영재는 다음과 같은 지도적 역할을 적극적으로 담당하며, 이를 수행하여 나아가고 있다.

1) 책임을 잘 완수한다.
2) 대인관계에서 높은 자기 긍정감을 보인다.
3) 급우들에게 인기가 있다.
4) 교사 및 급우들과 협동적이다.
5) 말재주와 자기표현이 정확하고 설득력이 있다.
6) 새로운 상황에 잘 적응한다.
7) 둘러싸여 있기를 좋아하고, 활동을 주도한다.
8) 학교와 관련된 대부분의 사회활동에 참여한다.
9) 운동경기에 뛰어난 재질을 보인다.

e. 의사 전달 특성

의사 전달 과정에서 여러 가지 표현방법을 골라 사용하는 경향을 띠고 있으며 흥미진진하고 다양한 표정으로 말을 하는 등 풍부한 창의력을 발휘한다.

f. 공간적 · 추상적 사고 특성

주어진 내용을 자기 나름대로 수나 기호화하여 이해하거나, 수수께끼, 퀴즈 같은 것을 비교적 용이하게 이해하며 장기나 놀이 게임에서도 우수한 능력을 나타내고 있다.

g. 적응력 특성

보통 학생들에 비하여 적응력이 대단히 우수하여 자기의 본분을 잘 이해하며, 자기 능력 및 역할에 알맞게 행동한다.

미국의 특수아 협회에서 제시한 영재학생의 특성을 요약해 보면 다음과 같다.

1) 어휘의 수준, 단어의 엄밀성, 문장 구조의 복잡성 : 매일 매일의 다양한 상황에서 확인한다.
2) 질문의 질 : 영재학생들은 대체로 질문을 많이 하는 것으로 알려져 있지만, 진정한 영재학생은 질문의 양보다는 질에 의해 확인 가능하다.
3) 어떤 현상을 설명할 때 사용하는 예나 설명 자료의 질 : 영재학생은 언어 구사력이 좋고 유추(類推)를 해내거나 적절하고 독창적인 예를 이용한다.

4) 영재가 사용하는 양적 표현과 추론 : 어린 영재학생의 경우, 수를 나타내는 말로 1/2이라는 표현을 썼다. 이 표현은 어린 학생이 할 수 있는 수준을 넘어선 것이다. 또한 어떤 학생들은 설명을 조리 있게 하거나 선명하게 하며, 언어적인 자료를 양적인 자료로 쉽게 나타내는 능력이 있다.

5) 문제 해결에 사용하는 전략의 구안과 적용 그리고 이 전략의 변환 능력 : 인지 능력이 특출한 영재학생은 여러 가지의 인지 전략을 구안하고 적용하며, 이것이 부적절할 때에는 변화시키는 능력이 있다.

6) 나이 또래에 비해 특이한 특수 기능을 갖고 있다.

7) 실내에서 학생들이 사용하는 자료의 독창성 : 어떤 학생들은 어떤 자료가 처음 구안되었을 때의 목적과는 완전히 다른 목적으로 이용도 한다. 이런 종류의 재능은 문제 해결은 물론 창의성과 독창성을 나타내 주는 좋은 징표이다.

8) 정보의 폭 : 활용하는 지식의 주제나 영역의 범위는 그 학생의 관심 영역을 나타내 주는 것이다.

9) 특정 영역에서의 정보의 깊이 : 어떤 학생들은 우주, 새, 예술, 또는 음악 등의 특정 분야에 관계된 정보를 광범위하게 계발시킨다.

10) 학생이 수집하는 자료 : 특수 재능아는 동년배에 비해 현저히 차이가 나는 물건을 수집하는 취미를 갖는 경향이 있다.

11) 아직 끝내지 못한 과제에의 집착성 : 영재학생은 주어진 과제, 또는 문제가 좀 어렵다고 하더라도 이를 끝까지 해결하려는 집착성을 보인다. 이들은 해야 할 일이 있을 때에는 노는 시간과

식사 시간도 잊는 경우가 많다.

12) 탐구심의 강도 : 영재학생은 호기심이 많다. 따라서 새로운 자료를 보거나, 상황에 처하게 되면 집중적인 탐구 활동에 몰두하는 경향이 있다.

13) 자기 자신의 성취에 대한 비판 : 최근의 문제 해결 연구에 의하면 우수한 문제 해결자는 자신의 해결책을 객관적으로 평가하는 능력을 가지고 있다고 한다. 교사나 부모들이 확인해 낼 수 있는 특성들은 이들 특성들을 숙지하고 있을 때에만 효과가 있다.

7. 영재교육의 이념과 특성

대한민국 교육기본법의 제1장 제2조에는 교육의 이념을 다음과 같이 정의하고 있다. "교육은 홍익인간의 이념아래 모든 국민으로 하여금 인격을 도야하고 자주적 생활능력과 민주시민으로서 필요한 자질을 갖추게 하여 인간다운 삶을 영위하게 하고 민주국가의 발전과 인류공영의 이상을 실현하는데 이바지하게 함을 목적으로 한다." 즉, 교육의 내재적 목적인 인격체 형성과 개인의 삶의 질 향상과 외재적 목적인 사회 발전에 기여함을 제시하고 있다. 모든 사람들이 교육의 기회를 제공받는 교육의 '평등성'과, 교육을 통해 개별의 능력을 효과적으로 계발할 수 있는 교육의 '수월성'을 추구하는 것이 교육의 이념이라 할 수 있다.

영재교육의 목적 또한 이 교육기본법의 교육이념에 근거하여 교육의 평등성과 수월성의 실현하는 데 목적을 두고 있다. 영재들이 일반교육을 통해 자신의 잠재력을 계발할 수 없다면, 자신의 잠재력을 최대한을 발휘할 수 있는 적절한 교육의 기회가 이들에게도 평등하게 제공되어야 할 것이다. 나아가 사회와 국가 발전에 기여하는 인재로 성장할 수 있도록 수월성을 추구하는 교육이 제공되어야 할 것이다.

영재들은 '자기나이 또래에 비해서 월등히 뛰어난 과제수행능력을 보이거나, 보일 수 있는 잠재력을 가지고 있는 학생'으로서, 일반 정규교육과정을 통해서는 학습의 욕구를 충족시키지 못한다. 영재성은 과학, 수학의 특별영역 뿐만 아니라, 지능, 창의력, 리더십, 높은 학업성취도, 시각공간예술 등의 영역을 포함한다. 따라서 영재들이 다양한 영역의 영재성을 최대한으로 발휘할 수 있도록 적절한 교육의 기회를 제공하는 것이 영재교육의 궁극적 목적이라 할 수 있다.

이와 같은 영재교육의 이념과 목적에 따라 초등학교 영재교육도 교육의 '평등성'과 '수월성'을 추구하는 데 목적을 두고 영재들이 잠재력을 최대한으로 발휘할 수 있는 교육의 기회를 제공해야 할 것이다. 이미 기존의 연구에서는 아동들 가운데 과학 영역에서 영재성을 보이는 학생들은 일반 수업의 내용과 방법으로 인하여 흥미를 잃게 되거나 수업시간에 흥미가 없어서 시간을 허비하고 있는 것으로 밝혀졌다. 적절한 영재교육을 받지 못하면, 학습에 대한 흥미를 잃어버리고 향후 진로 선택에서도 상급학교 진학을 선택하지 않는 결과를 낳게 된다. 즉 우수한 인재를 잃어버리는 결과를 낳는다. 초등학생들 가운데 영재성을 보이는 학생들에 대한 연구에 따르면, 상급학교 교육과정을 탁월한 성취도로 단기간에 완전 학습할 수 있으며, 영재 학생들간의 교류를 통하여 학습에 대한 흥미와 전문성을 더욱 신장시키고 있는 것으로 조사되고 있다. 또한 학생들은 영재학습에 참여함으로서 향후 상급학교 진학이나 관련 연구에 참여하는 데 긍정적인 영향을 주는 것으로 나타났다. 결론적으로, 우수한 영재들을 중도에 잃어버리지 않고 탁월한 인적자원으로 확보하고자 한다면, 아동 영재 교육은 필수적이라 할 수 있다.

영재의 판별이 어려운 것은 학자들만큼이나 다양한 영재의 정의가 있고 그 정의가 조작적인 요소로 구성되어 있지 않다는데 있다. 일반적으로 특정 분야에서 괄목할만한 업적을 성취하고 인류 문명의 발달에 공헌을 한 사람을 우리는 일반적으로 영재라고 부른다. 그러나 '영재성'은 직접 눈으로 확인 가능한 실체가 아니므로 영재와 비영재를 구분하는 절대적 기준도 없다. 그러나 영재를 판별하고자 할 때에는 '영재는 어떠한 사람인가?, 영재는 어떠한 능력을 소유하고 있는가?, 어떤 특성을 갖고 있는가?' 등에 대한 어느 정도 합의되는 준거와 그 준거에 어느 정도 도달하였는지를 알 수 있는 측정도구가 필요하다.

렌쥴리(Renzulli)는 실제로 사회에서 뛰어난 공헌을 한 사람들은 예외 없이 다음의 세 가지 특성을 지니고 있다고 했다. 극단적으로 높을 필요는 없는 '평균 이상의 능력', '높은 창의성', '높은 과제 집착력'들이다.

이 정의의 특기할 점은 '과제 집착력'과 같은 비지적인 요인을 영재성의 한 요소로 포함시켰다. 렌쥴리(Renzulli)는 영재는 이 세 요소를 모두 갖추고 있어야 하지만 이 세 가지 특성에서 모두 뛰어나야 할 필요는 없다고 강조한다. 한 특성에서는 적어도 상위 2% 이내에 속하고 나머지 특성에서도 상위 15% 이내에 속한자가 영재라고 정의할 수 있다.

한편 영재아(英才兒)와 재능아(才能兒)를 구별하는 기준은 잠재된 재주와 능력을 산출물 등으로 화려하게 나타내는 아동을 영재아라고 한다면, 재능아는 재주와 능력을 소유한 아동으로 본인의 노력과 부모와 교사의 지도에 따라 그 능력이 계발될 수 있다고 보는 견해가 많다(국제영재교육연구회, 2006).

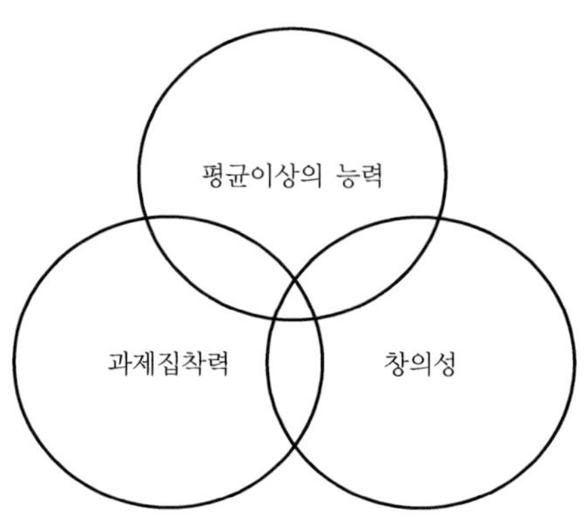

[그림 1] 렌쥴리(Renzulli) 의 영재성 정의 모형

a. 영재교육과 창의성

과학에서의 창의성이란 "과학의 기본지식과 탐구과정기술을 기반으로 확산적 사고와 비판적 사고과정을 통하여 새로운 문제를 발견해 내며 적절하고 새로운 해결방법을 발견하는 것"이라고 정의할 수 있다. 과학에서의 창의성의 발현에는 과학지식, 과정지식, 문제의 발견 등이 모두 중요한 요소로 작용한다. 특히 과학 창의성이 발현되기 위해서는 과학지식을 과학적 맥락에서 이해하고 쉽게 적용할 수 있도록 구조화하여 저장하는 것이 중요하며 과학 활동에 필요한 탐구지식 뿐만 아니라 일반적인 인지전략 과정지식의 습득도 매우 중요하다. 또한 창의성이 발휘되는 문제는 개방적이고 잘 구조화되지 않은 문제를 접했을 때 가장 잘 나타나게 된다.

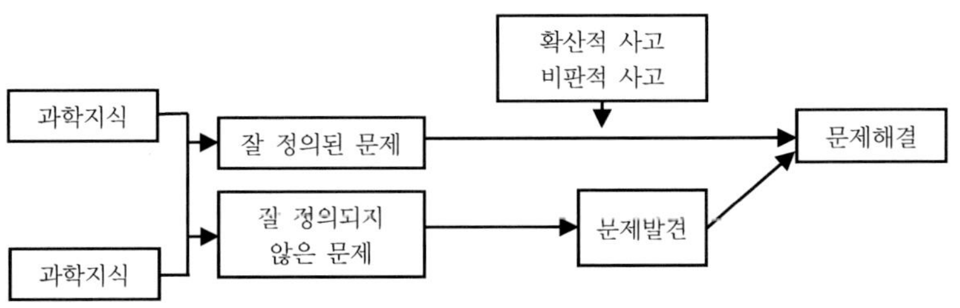

[그림 2] 각 요소의 상호작용을 통한 과학적 창의성 모델

출처 : 한국교육개발원(2000 : 10)

따라서 과학창의성을 계발하기 위해서는 학습개념, 상위사고력, 문제중심의 학습, 과학 활동을 강조하면서도 자연스럽게 이루어진 차별화 된 교수-학습이 필요하다. 실제 과학자들의 관점에 근거한 개념들을 강조함으로서 학생들이 실제로 과학을 수행하는데 있어 중심이 되는 기본개념들에 대한 높은 수준의 이해가 이루어질 수 있다. 또 학생들에게 실제 과학적 문제들을 다루게 하고 과학과 사회 사이의 연결성을 이해하게 함으로서 비판적 사고력과 창의적인 사고력을 동시에 습득할 수 있도록 하여야 한다.

교사의 적절한 질문, 동료들과의 토의, 자기 주도적인 실험 설계 및 학습 등을 통하여 창의적 과학자들에게서 발견될 수 있는 회의, 객관성, 호기심 등 다양한 과학자들의 특성을 경험하고 개발할 수 있도록 한다. 기존의 학생들이 교과서에 나와 있는 실험들을 미리 정해진 결론에 도달하기 위해 제시된 단계에 따라 행하는 방식에서 탈피하여 학생 스스로 흥미 있는 주제를 선정하고 적절한 실험설계를 토의하고 계획하며 실행에 옮김으로서 실제적인 과학을 할 수 있는 기회를 제공해야 한다.

과학자들이 실제적으로 문제를 풀기 위해 시도하는 과정처럼 학습의 과정은 학교 밖의 환경에서 일어나는 것처럼 이루어져야 한다. 외부적인 자극, 호기심, 필요성 등이 자연스럽게 주제, 문제, 연구 분야를 결정하게 된다. 일단 문제나 흥미가 내면화되면 문제를 풀기 위한 정보, 자원, 전략을 수집할 필요성이 생긴다. 학교 교육 활동에서는 미래를 위한 준비를 해야 하므로 실제문제를 통한 학습에서 생성된 창의적인 과정은 매우 중요하다.

b. 영재성과 창의적 사고

생각하는 능력은 인간만이 가지고 있는 고유한 지적 능력으로 이를 사고력이라 한다. 사고력은 저절로 길러지는 것이 아니라 교육을 통해 길러질 수 있는 능력으로 인간의 사고 능력은 크게 비판적 사고와 창의적 사고로 나뉜다.

몇 년 전부터 논리력 신장을 위한 많은 책들이 발간되고 논리력을 신장시키는 프로그램이 많이 개발되고 있는데 혹자는 논리력을 사고력의 전부로 말하기도 한다. 논리적 사고는 비판적 사고의 기능에 들어가는 요소로서 논리적 사고능력이 뛰어나다고 해서 창의적 사고력이 뛰어나다고는 볼 수 없다.

사고활동이란 문제 상황이나 장면에 직면하여 그 문제를 해결해 나가는 체계적인 지적 활동이며 비판적 사고와 창의적 사고의 두 영역이 궁극적으로 문제 대응과정에 요청되는 가장 핵심적이며 중추적인 사고의 영역이다(김건용, 2003).

1) 비판적 사고

비판적이란 말이 반항적, 반체제적, 비순응적이란 어감을 주므로 비판적 사고에 대해 약간의 편견을 갖고 있는 사람들이 있다. 인간사고 심리학에서 비판적 사고는 창의적 사고, 논리적 사고, 남구적 사고, 상위 인지적 사고 등과 함께 인간의 주요한 사고 유형으로 간주되고 있으며 어떤 경우에는 창의적 사고와 함께 인간의 양대 사고 유형으로 간주되기도 한다(김흥원, 1994 : 44).

2) 창의적 사고

창의적 사고는 주변 상황과 조건에 관계하지 않고 생각을 무한하고 넓게 펼쳐 나가는 발산적 사고 과정을 말하며 여러 가지 정보와 일정한 사고과정, 단계를 통하여 집중적으로 가장 적절한 해결책을 찾아가는 수렴적인 사고 과정이라고 할 수 있다. 즉 이성적이고 반성적인 사고 과정, 논리적이고 체계적인 사고 과정을 통해 바르고 깊게 생각하도록 돕는 사고이다(한국교육개발원, 1990 : 223).

창의적 사고의 기능은 주변의 환경에 대해 민감한 관심을 보이고 이를 통해 새로운 탐색 영역을 넓히는 능력이고, 주어진 자극에 대해서 가능한 많은 양의 아이디어를 산출하는 능력이다.

특히, 주어진 문제에 대하여 한 가지 방법에 집착하지 않고 다양한 접근 방법을 취할 수 있는 능력과 문제 사태에 대하여 통상적인 것에서 탈피하여 참신하고 독특한 아이디어를 산출해 내는 사고 능력 등 다듬어지지 않은 기존의 아이디어를 보다 치밀한 것으로 발전시키는 능력이 창의성을 함양하는 기능으로 볼 수 있다.

창의적 사고는 민감한 관심을 갖고 관찰하며, 문제를 인식하면서

바로 해결책을 내놓지 않고 여러 가지 해결 가능성을 찾고, 이를 다
듬어 구체화시키는 것이 결과로 나타나는 것이다.

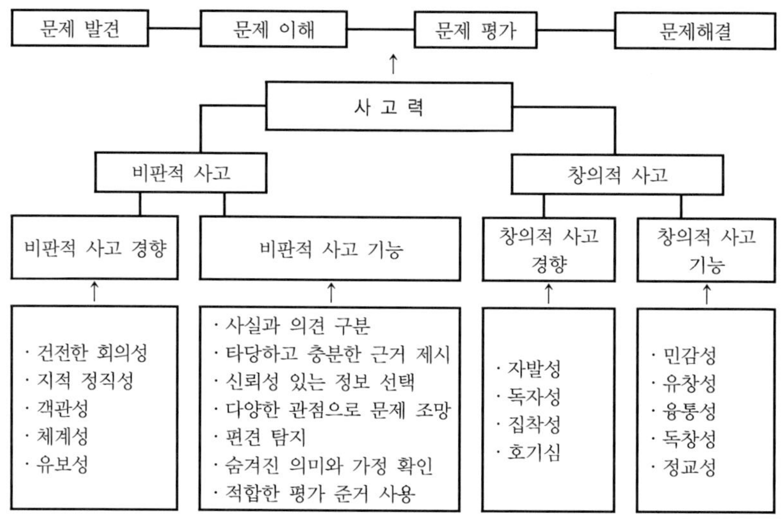

[그림 3] 사고력 프로그램 개발을 위한 개념 모형

출처 : 한국교육개발원(2000 : 12)

3) 수직적 사고, 수평적 사고, 입체적 사고

수직적 사고와 수평적 사고는 고정 관념이라는 용어와 함께 창의
성과 관련이 있는 용어이다.

가) 수직적 사고

수직적 사고는 창의성 교육의 선구자인 드 보노(de Vono)가 처음으
로 사용한 것으로 과학이나 일상생활에서 하게 되는 일반적인 사고에
대해서 붙인 용어로 수평적 사고와 대비되는 개념이다. 수직적 사고는

서양의 합리주의와 연결되는 사고의 방법으로 합리적이고 직선적이며 단계적인 사고법으로 확률이 가장 높은 과정으로 밟아 가는 과정으로 교육받은 사람들이 행하는 자연스런 방법이다. 이는 비판적 사고와 많은 점에서 유사하다. 그러나 수직적 사고는 생각하는 버릇이 정해져 성격이 다른 문제를 해결할 때도 문제 유형에 따른 생각의 차이를 나타내지 않고, 고정화되고 습관적인 방법으로 처리하는 단점이 있다.

나) 수평적 사고

수평적 사고는 고정화된 수직적 사고와 대별되는 개념으로 자유롭게 사고하는 자생적 사고와 유사한 용어로 쓰인다. 이것은 가능성이 높은 쪽만으로 생각하는 수직적 사고와 달리 가능성이 낮은 것도 같은 기대를 갖고 사고하는 것이다. 따라서 같은 유형의 문제를 해결하기 위해서 매번 수평적 사고를 행하는 것은 비효율적이다. 수평적 사고는 새로운 유형의 문제를 다방면으로 새로운 관점으로 해석하고 다양한 답을 찾기 위해 문제를 분해하여 단순화하고 도식화, 기호화, 재배열 및 조합하여 뇌 속에 잠재된 다른 정보와 개념에 의해 새롭게 해석되어 문제를 해결하는 사고 기법이다. 이는 창의적 사고에 관한 여러 가지 기법과 유사하다.

다) 입체적 사고

수평적 사고로 모든 문제를 해결하는 것은 비효율적이 되기 쉽다. 따라서 수직적 사고가 한계에 도달하여 문제해결의 진척이 보이지 않으면 수평적 사고의 도움을 받아 문제를 새롭게 해석하고 아이디어를 찾아 다양한 해결 방안을 모색하는 것이 입체적 사고이다. 이것은 종합적인 사고 능력으로 창의적 사고와 비슷하다.

B. 언어와 탐구 행동의 영재성 계발

1. 언어의 영재성 계발

대부분의 영재들은 높은 언어 능력과 관련된 몇 가지 특성이 있다. 즉, 읽기, 풍부한 어휘력, 높은 수준의 독해력, 성인기에까지 걸쳐 관심을 가지는 광범위한 주제에 관한 독서에 몰두 하는 등 언어에 대한 흥미가 남다르다(Clark, 2002; Gallagher, 1994). 저명한 작가의 경우를 보면, 어릴 때부터 독서에 대한 욕구가 강하며, 가족들의 지원을 받고, 끊임없이 쓰며 열정을 가지고 열심히 노력한다는 공통된 특징이 있다(Van Tassel-Baska, Jonson & Boyce, 1996). 이와 같이 영재에게는 어려서부터 여러 측면에서 일반 학습자들과는 다른 특성을 나타내므로 영재에게는 영재 특성에 적합한 교육이 필요하다는 사실에는 이제 많은 사람들이 동의하고 있다(이경화, 2006).

언어 영재교육의 필요성은 개인적, 교육학적, 국가적인 측면에서 생각할 수 있다. 첫째로 개인적인 측면에서 볼 때, 언어 영역에 재능이 있는 아동들에게 어린시기부터 적절한 언어 교육을 받게 한다면 탁월한 언어적 잠재능력을 계발시키고 영재성을 발휘하여 자기 성취를 이룰 수 있게 할 것이다.

둘째로 교육학적 측면에서 볼 때 가네(Gagne)의 적성이론에서 주장하는 바와 같이 타고났거나 체계적인 훈련을 받지 않은 영재성(giftedness)

이 체계적인 훈련, 연습, 경험을 통해 뛰어난 성취로 보이는 특수재능(talent)으로 계발될 수 있다는 점에서 그 필요성을 고려할 수 있다. 따라서 언어영재의 경우에도 적합한 교육을 받아 그들의 잠재능력을 발휘하게 함으로써 보통 학생이나 미성취 영재로 전락하는 것을 방지해야할 것이다.

셋째로 지금까지 언어영역에서 영재교육이 미진했던 것은 국가의 관심이 부족했던 것에 큰 원인을 둘 수 있다. 언어 분야의 투자 가치는 두드러져 보이지 않을지라도 인류 문화에 기여하는 바는 대단히 크다. 오늘날과 같은 정보화 사회에서는 의사소통 방식과 정보의 습득, 지식 생산 방식에서 급격한 변화가 일어났다. 이러한 변화에 대처하기 위해서는 언어를 효과적으로 사용하는 능력을 기러 주어야 한다. 언어 능력, 특히 읽기와 쓰기 능력은 문화적 주체로서 개인의 지적 능력과 문화적 교섭력을 확충하는 바탕이 될 수 있다(이경화, 2006).

a. 언어영재의 특성

언어영재의 특성 연구는 보다 정확한 언어영재 판별에 도움을 주고, 언어영재의 지적·정서적 교육에 많은 시사점을 준다. 언어영재의 특성을 추출하는 방법은 크게 두 가지 접근이 가능하다. 첫째, 언어 재능의 잠재력을 가지고 있거나, 언어 영역에서 뛰어난 재능을 보이는 아동의 행동을 관찰하여

그 특성을 관찰하는 방법이다. 둘째, 탁월한 업적을 가진 창의적인 언어 영역의 전문가, 즉 뛰어난 문학 작가, 비평가, 대변인, 학자 등을 모델로 하여 그들의 업적과 행적을 중심으로 집중 조사를 통하여 영

재들의 모든 특성을 판별해 내는 방법이다(한국교육개발원, 2002).

1980년대 이후 언어영재에 대한 연구가 활발해 지면서 언어영재의 특성이나 언어적 재능에 관한 연구가 시작되었다. 지금까지의 언어영재에 대한 연구는 대부분 언어 영재 특성 연구 중에서 언어 영재들을 대상으로 정서적인행동과 지적 능력을 관찰하는 방법으로 이루어졌다.

반타쎌 - 바스카, 존슨(Vantassel-Baska, Johnson 그리고 보이체(Boyce, 1996)가 데이비드(David), 카라(Cara)라는 언어영재들을 조기에 발견하여 수년간의 관찰과 기존의 연구 결과를 바탕으로 언어 영재의 특성을 연구하였는데 그들이 주장하는 언어 영재의 특성은 다음과 같다.

1) 유창하고, 설명적인 구어 사용

2) 음성 기호의 조기 습득

3) 언어적 상징 시스템을 사용하는 뛰어난 능력(문학영역에서 특히 탁월한 창의적인 언어 사용)

4) 장시간 읽거나 쓰기 과제에 능동적으로 몰입

5) 진지한 목적을 가지되, 노는 것처럼 기능을 연습(놀이는 언어영재들의 언어 능력과 상상력이 결합된 시간임)

6) 복잡한 사고를 표현하는 능력

7) 변화를 갈망(새로운 장르를 창작해 보거나 새로운 장르의 작품을 읽기를 좋아함)

8) 약간의 반복만 보여도 지루하다며 싫어함

b. 글쓰기 영재의 특성

같은 방법으로 피토(Piirto, 1992)가 일곱 명의 뛰어난 글쓰기 영재에게서 발견한 열여섯 가지 글쓰기 영재의 특성은 다음과 같다.

1) 역설의 사용

2) 대구법의 사용

3) 운율의 사용

4) 시각적 심상의 이용

5) 곡조가 아름다운 작시

6) 말의 특별한 특징(두운, 의인화, 유음화)

7) 반대(역) 구성의 대담함

8) 특별한 형용사와 부사

9) 활기의 느낌

10) 유머 감각

11) 어휘로 "즐기고자"하는 의지

12) 철학적 또는 도덕적 재능

13) 언어에 대한 자연스러움을 표현

14) 구두점, 괄호, 세미콜론을 이용하는 정교한 구문론

15) 산문적 서정성

c. 언어 영역 위인들의 특성

펠드허슨(Feldhusen), 아쉬어(Asher), 후버(Hoover, 1984)도 이와 유사한 방법으로 언어영재의 특성을 연구하였다. 또한 시스크(Sisk, 1987)는 6 ~7세 된 언어영재를 둔 부모를 대상으로 연구하였는데, 그 결과 아동들이 만 3~4세 경에는 쉬운 단어와 문장을 이해할 수 있고, 4~5세 경에는 쉬운 이야기책을 읽을 수 있는 등, 언어 발달이 우수한 아동들은

취학 이전에 이미 뛰어난 어휘 구사력을 발휘하는 것으로 나타났다.

두 번째 방법인 탁월한 업적을 가진 언어 영역의 전문가에 대한 관찰이나 면접을 통한 언어영재의 특성 연구는 상대적으로 적은 편이다. 피토(Piirto, 1992)는 탁월한 작가와 예술가 가운데 쓰기 영역에서 특출한 사람을 가려낸 후 그들의 일생을 추적하여 쓰기 영재의 특성을 연구한 바 있다. 그는 샬로트 브론테(Shalot Vronte)와 버지니아 울프(Veginia Woolf)와 같이 이미 탁월한 성취를 나타낸 작가의 일생을 살펴본 결과 그들에게 다음과 같은 공통적인 특성이 있음을 발견해 냈다(Van Tassel-Baska, Johnson, & Boyce, 1996).

1) 역경, 불운, 재난의 경험
2) 스스로 배우고 느낀 경험
3) 습작의 경험
4) 정서적 후원의 필요성
5) 실존에 대한 분명한 철학
6) 장소(환경)로부터 받은 영향
7) 고독한 경험
8) 어머니의 상을 동경함

이상의 연구를 토대로 언어영재의 특성을 크게 언어의 조기 습득 측면, 언어 습관 및 태도 측면, 언어의 지적 능력 측면으로 나누어 정리해 보면 다음과 같다(한국교육개발원 , 1990).

언어의 조기 습득 측면의 특성으로는 일찍 문자를 해독하며, 언어적 상징을 사용하는 점이 있다. 언어 습관 및 태도 측면의 특성으로는 읽기와 쓰기에 장시간 몰두(탐독과 다작)한다는 점에서 논리적인 대화나 토론을 즐기며, 단어 퍼즐이나 언어적 유희(유머 포함)를 즐긴다는 점이 있다. 언어의 지적 능력 측면은 언어 지능의 하위 능력인 언어 이해 능력과 언어 표현 능력으로 나누어 정리하였다.

먼저 언어 이해 능력의 특성은 깊이 있는 이해, 빠른 읽기 속도, 방대한 어휘량, 핵심 아이디어를 생각하여 읽는 점, 언어의 구조를 잘 이해함, 감상력과 비판력이 뛰어나다는 점이다. 다음으로 언어 표현 능력의 특성은 복잡한 사고를 언어로 표현하는 능력이 뛰어나고, 탁월한 어휘를 사용하는 능력이 있고, 작사에 뛰어 나며, 문법 지식의 활용 능력이 뛰어나다는 점, 역설의 사용, 창의적인 언어 사용, 상세한 묘사, 고급 어휘력을 사용한다는 점이다.

〈표 1〉 언어 영재의 특성

구분		언어 영재의 특성
언어의 조기 습득		· 조기에 문자를 해독함 · 조기에 언어적 상징을 사용함
언어의 이해와 표현	언어 이해 능력	· 깊이 있는 이해 · 빠른 읽기 속도 · 방대한 어휘량 · 핵심 아이디어를 생각하여 읽음 · 언어의 구조를 잘 이해함 · 감상력과 비판력이 뛰어남
	언어 표현 능력	· 복잡한 사고를 언어로 표현하는 능력이 뛰어남 · 탁월한 어휘 사용 능력 · 작시에 뛰어남 · 문법 지식의 활용 능력이 뛰어남 · 역설의 사용 · 창의적인 언어 사용 · 상세한 묘사 · 고급 어휘력을 사용
언어 습관 및 태도		· 읽기와 쓰기에 장시간 몰두(탐독과 다작) · 논리적인 대화나 토론을 즐김 · 단어 퍼즐이나 언어적 유희(유머)를 즐김

출처: 이경화(2006 : 48)

위의 표에서 살펴 본 언어영재의 특성은 언어영재에 관한 하나의 테두리를 제시해 줄 뿐이지 일반적이고 절대적인 기준을 제공해 주는 것은 아니다. 여기서 제시한 언어영재의 특성은 각각의 언어영재에게서 추출되어 모아진 것이므로 그 특성들이 모든 영재에게서 다 나타나는 것은 아니다. 어떤 한 영재에게서 두드러지게 나타나는 특성이 다른 영재에게는 별로 나타나지 않을 수도 있고, 그 반대일 수도 있다. 이것은 어떤 학생이 위에서 언급한 영재의 특성을 비교적 많이 갖고 있다면 그 학생의 영재성을 비교적 쉽게 판별할 수 있다는 것을 의미할 뿐이다(한국교육개발원, 1990).

2. 탐구 행동의 영재성 계발

가. 탐구 관련 영재교육의 출발

영재교육의 시작은 1998년에 과학기술부와 한국과학재단의 지원으로 전국의 9개 대학에 부설 과학영재교육센터가 설립되어 초·중학교 학생을 대상으로 과학, 수학, 정보 분야에 대한 비정규 교육과정의 형태로 영재 교육과정을 운영하는 데에서 찾아볼 수 있다. 2002년에 영재교육진흥법과 시행령이 고시됨에 따라 영재교육은 법적 기반에서 공교육 체제로 보다 내실있게 실시할 수 있게 되었다. 지금은 영재교육 관련법에 따라 2003년부터 초·중·고등학교 학생들을 대상으로 하는 영재교육기관인 영재학교, 영재교육원, 영재교육연구원 등이 설립되어 정규 또는 비정규 교육과정 형태로 영재교육이 전국적으로 실시되고 있다(김건용, 2005).

나. 탐구 관련 영재 교육과정

영재교육과정은 영재교육을 실시하는 국가와 단체, 기관의 영재교육의 이념과 철학을 담고 있는 영재교육의 청사진이라 할 수 있다. 따라서 탐구 영재교육의 원래 목적을 달성하기 위해서는 그 실현을 위한 기본적인 설계가 필연적으로 요구된다. 일반적으로 영재 교육과정은 영재교육의 목적 또는 목표와 함께 이를 구현하기 위한 교육 내용, 교수-학습 방법, 교육과정의 운영 지침 및 평가 등에 관한 문서로 되어 있다. 영재 교육과정은 운영하는 기관 또는 주체에 따라 그 지향하는 수준과 목표, 내용이 다를 수 있다. 그러나 우리가 추구하는 영재교육의 목적이 영재교육기관에 따라 궁극적으로 크게 다르지 않다면 교육과정에서 그 공통점을 찾아볼 수 있을 것이다.

영재 교육과정을 설계할 때에는 보통 학습자의 특성과 요구를 먼저 파악하고 특성에 알맞은 목표를 설정하며, 수업 결과로서의 산출물을 미리 생각하여 그에 부합하는 활동 또는 과제와 함께 교수-학습 과정과 자료를 준비하고, 평가 계획을 포함시키는 것이 바람직하다(Van Tassel-Baska, 2003).

교육에서 영재 교육과정이 필요한 까닭으로 영재 교육과정이 정규 교육과정의 내용을 보다 강화하고, 다양한 영재들의 능력과 재능을 충족시킬 수 있으며, 획일적 교육 내용과 방법이 주가 되는 교육과정을 벗어나 다양한 영역의 내용과 개념을 폭 넓게 체험하게 할 수 있는 정규 교육과정의 대안적 방안이라는 점을 들고 있다(Kaplan, 2001).

일반적으로 탐구영재의 특성을 고려한 영재 교육과정은 다음과 같은 몇 가지 특징을 지니고 있다(Berliner, 1985; Kaplan, 2001; Van Tassel-Baska,

2000; 조석희, 2002).

첫째, 개방적이고 무학년제 교육과정의 속성을 지닌다. 따라서 탐구 영재 교육과정은 영재의 특성을 고려하여 특정 학년이나 연령과 상관없이 자신의 능력에 따라 언제든지 상급 학년이나 높은 수준의 수업에 참여할 수 있도록 개방적으로 운영되어야 한다.

둘째, 재능과 적성 그리고 흥미 중심의 교육과정이라는 점이다. 영재 교육과정은 영재가 지니고 있는 재능과 적성, 흥미에 따라 그들에게 알맞은 맞춤식 교육과정을 제공할 때에 그들의 능력을 최대한 발현할 수 있으므로 아무리 주도면밀하게 짜여진 수업 내용이나 활동이라 할지라도 학생의 필요에 언제든지 알맞게 변경할 수 있어야 한다.

셋째, 탐구와 토론 중심의 교육과정이라는 것이다. 탐구영재 교육과정은 창의적 사고와 과학적 탐구 활동에 주안점을 두고, 주어진 학습 주제에 대해서 폭넓고 다양한 사고력을 기르는 과정으로 특정 교과의 지식과 개념을 뛰어 넘어 간 학문적 성격의 통합 과학적 사고, 비판적 사고, 논리적 사고력이 요구되는 탐구와 토론이 중핵을 이루어야 한다.

넷째, 자기 주도적 학습이 강조되는 교육과정이다. 일반 교육과정과는 달리 영재 교육과정에서의 교사는 오로지 학습의 보조자로서 과학 탐구 활동을 촉진하고 자극하는 역할을 하며, 실제 학습 상황에서 문제 해결은 학생 스스로 탐구하도록 설계되어야 한다.

이러한 특성을 지니는 영재 교육과정은 대개 주제 중심의 교육과정, 과정 중심의 교육과정, 활동 중심의 교육과정, 개방적인 교육과정 등으로서 영재들이 자기 능력에 따라 학습의 장을 스스로 선택할 수 있도록 다양한 대안이 마련되어야 한다(권치순, 2006).

3. 탐구 행동과 영재 창의성

영재 창의성 교육의 중요성이나 의의에 대한 의견들 중 하나는 급변하는 현대·미래 사회변화에 제대로 적응하기 위한 교육의 필요 때문이고, 다른 하나는 새로운 사회변화에 부응하는 교육학 자체의 변화 때문이다. '창의성' 없이는 한 국가·사회의 번영은 물론이요, 생존이 불가능하기 때문이다. 둘째는 확산적·생산적 사고력 교육의 필요이다. 단편지식 위주의 교육이 듀이에 의해 지난 100년간 개혁이 이루어져 왔다. 그러나 결국 왼쪽 두뇌의 '논리적 사고력' 중심에 치우친 편협한 교육이 되고 말았다. 이제는 이것을 극복해서 오른쪽 두뇌의 '창의적 사고력'까지도 균형이 되게 개발하는 '전면적 교육'(holistic approach / total learning)이 아니면 새 천년기에 적절한 교육이 될 수가 없다(김춘일, 2003).

세 번째, 또 하나의 의의가 있다. 그것은 바른 개성교육으로서의 창의성교육이다. 교육이 "한 사람을 충실한 그 사람이 되게 하는 것"이라면, 개성교육은 교육의 또 다른 이름이다. '개성'(personality, individuality)이란 무엇인가? 그것은 우선 그가 '태어난 대로의 특성'이라고 볼 수가 있다. 사람이 "고유하게 태어난 존엄한 존재"라는 말은 곧 이것을 두고 한 말이다.

가. 탐구하는 인간화 교육

제7차 교육과정 이전은 '고유한 존재'로서가 아니라, 오히려 고유하고 독특한 존재를 "보편적이고 획일적인 인간"으로 탈바꿈시키는 제품생산 방식의 교육을 해왔는지도 모른다(정환기, 2006). '보편적'

진리, '객관적' 지식이라든가, '사회화'나 '정상분포 곡선'에 입각한 과거의 교육이 그것을 대변한다. 굳이 '교육 역기능론'을 거론하지 않더라도, 이런 패러다임은 분명 잘못된 '인간화' 교육이었다. 한 인격체가 얼마나 존엄하고, 특수하고, 고귀하고, 발전 가능한지를 충분히 배려한 인간화(humanizing) 교육이 못되었기 때문이다(김춘일, 2003).

이렇게 보면, 아동을 어머니와 교사가 어떻게 다루느냐에 따라 그가 어떤 사람으로 사회화되는 것이 아니다. 그 아동이 어떤 특질을 가진 아동이냐에 따라서 그의 부모나 선생님이 아동마다 적절하게 반응하는 정반대의 인성형성 과정이 오히려 올바른 인간화의 길인지도 모른다(A. Thomas, 1963. 三和宅夫, 1990. H. Moss, 1967).

영재 창의성교육은 아동마다의 특성에 입각해서 그 고유한 특성이 최대한 발휘·실현되게끔 돕는 '개성 맞춤의 길'로 이해할 수가 있다. 이런 점에서 창의성교육은 고유한 존재로서의 인성교육의 의미를 가지게 된다. 요컨대, 사회 적응력 교육, 생산적 사고력 교육의 측면만이 아니라, 올바른 '실존적' 탐구 행동교육이라는 측면에서도 영재 창의성교육은 그 의의가 강조돼야 한다.

그러므로 창의성은 보는 사람의 관점에 따라 그 의미가 다를 수 있다. 심리학자는 2가지로 본다. 하나는 '사고력'으로 보는 것이다. 사고의 독창성(orginality), 유연성(flexibility), 유창성(fluency), 정교성(elaboration) 변인 등이다. 한편 사고의 태도와 인성(personality) 변인으로 보는 견해도 있다. 예컨대, 민감성, 개방성, 탐구성, 독립심 등의 변인이다.

나. 탐구행동의 사회학적 관점

사회학적 관점은 다르다. 창의성의 변인은 개인의 능력이 아니라 한 사회가 좌우힌다. 그 사회가 무엇을 바라고 있는지 사회대중의 광범한 욕구가 결정한다. 그래서 창의적인 교사는 구름처럼 흘러가는 사회의 의식이 가는 길목에 자신의 학생을 세워놓아야 한다. 그것이 교사의 사명이다.

우리는 심리학자들의 구체적이고 개인적인 창의성 관점에 입각해서 창의성을 이해하고 지도한다. 그러나 다른 한편으로 사회·철학적 관점에서 좀더 도량이 넓고 근원적인 관점을 염두에 두어야만 한다. 창의적인 교사는 인간을 독특하고 다양하며 사회 속에서 변화하는 존재로 이해해야 하는 것이다(김춘일, 2003).

창의성이 높은 사람들의 인지능력이 어떠냐고 몇 마디로 요약할 수는 없는 것처럼, 창의성이 높은 사람의 성격특성도 한두 마디로 요약할 수는 없다. 창의성이란 실로 여러 가지 형태로 나타나기 때문에, 어떤 성격특성은 다 같이 높다하더라도 어떤 이에게는 나타나지만 다른 이에게는 나타나지 않고, 다른 이에게는 나타나는 특성도 어떤 이에게는 나타나지 않는 경우가 많다.

델러스(Dallas)와 가이어(Gaier, 1970)는 창의성이 극히 높은 20명의 생활상을 면밀히 살펴보고 나서, 창의성이 제시되는 분야는 제각기 다르다 할지라도 창의성이 높은 사람들에게는 다음과 같은 13가지 공통적인 성격특징이 있다는 결론을 내렸다. 즉, (1) 사회적 행도이나 태도에 있어서 개방적이며 독립심이 강하고 (2) 지배력이 강하며 (3) 내향적이고 (4) 새로운 정보나 경험에 대해 개방적이며 (5) 광범한 흥미 (6) 높은 자기 수용력 (7) 예민한 직감력 (8) 폭넓은 융통성 (9) 사회적 안정감 (10) 고립적 내지 비사교적 태도 (11) 사회규범에 대한 깊은 관심 (12) 급진주의적 성향 (13) 외부의 통제에 대해 저항하는 강한 욕구 등이다.

매키넌(Mackinnon, 1965)은 수십 년간 외적·내적 기준을 중심으로 창의성에 관한 연구를 했다. 여기서 외적 기준이라 함은 창의성이 높고 낮음을 외부에서 판단하는 업적을 기준으로 가늠한다는 말이다. 이를테면, 진화론을 주장한 다윈, 정신분석학자 프로이트, 물리학자 아인슈타인 같은 사람들이 보여준 것과 같은 외적 기준을 들어서 창의성이 높고 낮음을 판단하는 것이다. 그는 이와 같은 외적 기준을 써서 창의성이 높은 건축가, 작가, 과학자, 수학자, 기술자 등 각계에서 창의성이 높은 사람으로 평가되는 사람 100명을 대상으로 그들이 자라온 가정환경, 어릴 때의 경험, 지능, 성격 등을 면담조사와 더불어 지능, 성격, 창의성 검사 등의 도구를 써서 조사하였다. 그가 얻은 결과는 대체로 다음과 같다.

그들은 근면하고 지적 독립심이 강하며, 새로운 정보나 경험에 개방적이고, 솔직하며, 상상력이 풍부하고, 미적 가치나 이론적 가치에 높은 비중을 두고, 지적 호기심과 자신감이 넘쳐흐른다는 것이다. 소위 'MMPI'라 불리는 다면적(多面的) 성격검사 결과로 보면, 창의성이 높은 사람들은 정신분열증이나 우울증, 의심증 등이 정신질환으로 간주되는 사람들과 비슷한 패턴을 보여준다. 그러나 또 한편 그들은 자기가 창의적으로 일에 정신을 잃다시피 몰두하고, 창의적인 삶을 누릴 수 있도록 하는 통제 메커니즘도 잘 발달되어 있다는 것도 알 수 있다(Mackinnon, 1968).

이러한 맥락에서 보면 뛰어난 창의성을 발휘하게 되는 것은 서로 상반되는 성격특성이 미묘하게 어울려서 만들어내는 일종의 창의적인 다이너미즘이나 긴장이랄까 줄다리기 같은 탐구 행동으로 볼 수도 있을 것이다.

창의성이 하나의 사고력(독창, 유연, 정교, 유창)이라기보다는, 문제해결의 태도나 인성적 특성이 좌우한다는 위와 같은 사실이 교사에게 의미하는 것은 무엇인가? 그것은 아마도 창의적 사고력의 훈련도 중요하지만, 근본적으로 창의적인 태도나 인성을 교육하는 것이 좀더 지속적·효과적인 창의성 교육의 방도가 아니겠는가 하는 시사이다. 여기서 우리는 교사가 기울여야 할 몇 가지 노력의 방향을 생각하게 된다.

다. 탐구행동에 관한 교사의 역할

첫째, 동기화(motivation)이다. 창의성이란 학생 스스로가 하고자 하여 추구할 때 성취되는 것이지, 결코 다른 이의 지원이나 외적 보상에 의해서 성취되는 것이 아니라, 이미 앞서서 창의적인 사람들의 인성에서 밝혀졌듯이, 그러한 면들이 위축되거나 손상되지 않도록 고무·격려함으로써 창의적인 문제와 그 해결방안에 관심과 노력을 기울이도록 하는 교사의 '동기화'가 중요한 것이다. 가정이나 교실에서 아동이 자율성과 탐구심이 발동·발휘되도록 도와주는 일이 창의성교육의 토대가 된다고 할 수 있다. 에이머빌(T. Amabile, 1989)은 '동기화'의 정도를 알아보는 검사(기준)를 개발하여 교사와 부모에게 활용해 보기를 권고하기도 한다(김춘일, 1999).

둘째, 구체적인 태도나 인성을 기르기 위해서 단지 환경을 제공하고 분위기나 조성하는 소극적 과제로서 그 임무가 끝나는 것이 결코 아니다. 구체적·직접적으로 할 일이 많다. 예컨대 창의적 사고력 훈련에 적절한 제재와 방법을 구안해서 프로그램으로 개발·활용한다든지, 창의적 문제해결의 기술을 학습하도록 지도한다든지, 창의적 발상의 기법을 지도한다든지 하는 일이다.

셋째, 교사 자신의 변신(變身)의 노력이다. 즉 스스로 창의적인 인성을 가진 하나의 모형이 되는 일이다. 그 중에서 첫째가 신념(conviction)이다. 교사가 스스로 창의적인 존재이고 학생들이 창의적인 존재이며, 창의성은 효과적으로 교육할 수 있다는 신념을 가지는 일이 중요하다. 프라이어(M. Fryer, 1996)의 말대로, 창의성교육에서 눈에 보이지 않는 가장 큰 장애는 교사 자신부터 '가르치는 일'이 창의적인 작업이며, 아동과 교사 자신이 모두 창의적 존재라는 확신을 가지지 못하는 일이다. 교사가 어떻게 변모되어야 하는가를 생각하는데 도움이 되는 자료가 있다. 토랜스(E, Torrance)와 마이어즈(R. Myers)가 1970년에 교사 1,000명을 대상으로 한 연구에서, 학생의 창의성 개발을 돕는 교사의 중요한 태도의 특성을 제시하고 있는데, 그 중에서 상위 몇 개를 들면 다음과 같다. 즉 학생의 자신감을 기른다(99%), 질문을 유도·권장한다(97%), 교사 스스로 창의적이다(94%), 학생의 독립심을 조장한다(92%), 융통성 있는 지도방법을 구사한다(70%), 성공감을 조장한다(60%) 등이다(김춘일, 2003). 요컨대, 영재 창의성 향상에 확신을 가지고 아동들의 탐구 행동을 적극적으로 지원·권장하는 태도를 가지는 일이 중요하다(김춘일, 2003).

C. 영재성 향상과 지도자의 역할

1. 교사의 역할

a. 세계화 시대의 요구

세계화 현상은 대체로 제 1, 2차 세계 대전을 거치면서 본격화되고, 최근에 와서는 더욱 가속화되고 있다. 넓은 의미의 세계화 현상은 개인이나 국가에 의해서 그들 삶의 지역적, 공간적 터전을 확장해 가는 과정에서 시작되었다. 세계화 혁명을 급속도로 촉진하게 된 가장 큰 요인은 교통, 통신, 관광 등의 발달에 의해 더욱 가속화되었다. 따라서 전 세계는 이제 1일 생활권으로 변모해 가고 그야말로 하나의 지구촌으로 좁혀 놓게 하였다.

첨단 정보 통신 기술과 이데올로기라는 장벽의 붕괴는 세계적 광역단위의 EU(유럽연합), NAFTA(북미자유협정)등을 출범하게 하였으며, 1995년에는 국경 없는 세계경제 체제인 WTO까지 출현하게 되었다. 이제는 국경이라는 보호막 속에 안주하여 형성된 지금까지의 발상, 제도적 틀과 관행을 가지고서는 제대로 살아가기 힘든 새로운 세상이 우리 앞에 다가선 것이다.

그러나 세계화의 촉진 현상은 새로운 문제를 유발한다. 국적 없는 기업의 증가, 비정치 분야의 확대, 특히 문화의 다원화와 가치의 다원화가 촉진되고 세계 보편적 가치와 규범의 필요성이 증대될 것이다. 다원화란 가치관, 생활양식, 사고, 행위양식 등이 다양해져가는 현상으로 세계화를 완성시켜 가는 기본적인 조건이다.

세계화는 모든 나라 사람들이 국경을 초월하여 삶의 터전을 전 세계로 확대해 가는 현상을 의미하기 때문에 지구 전체가 인류 공동의 이상 실현을 위해 자유로이 교류하고 협력하고자 하는 의도를 가지고 그것을 실현시켜 가는 현상을 말한다. 이러한 세계화는 세계 시민 교육의 필요성을 요구하고 있다. 세계 시민 교육은 우리가 시도해 온 민주 시민 교육의 연장 내지 확대의 의미로 보아도 좋은 것이다.

b. 바람직한 영재 지도교사

바람직한 교사상에 대해서는 각자가 자라온 환경만큼이나 다른 의견들이 있을 것이다. 바람직한 교사상의 첫째는 학생들이 꿈을 실현하도록 돕는 교사이다. 교사는 학생을 통해 자신의 꿈을 이루는 것에서 벗어나야 한다. 이것은 교사는 교직을 통해 자신의 꿈을 실현해서는 안 된다는 의미가 아니다. 교사가 자신의 꿈을 이루기 위해 학생의 꿈을 고려하지 않는 현상을 막아야 한다는 이야기이다.

교육은 다음세대를 준비하는 것이다. 지금 교사가 하고 있는 일은 교사 자신의 일로 끝나지 않는다. 학생들은 교사를 통해 기성세대의 훌륭한 문화유산을 물려받아, 창조적으로 발전시켜 자신의 시대를 담당해 나가게 된다. 교사는 학생들을 격려하고 돕는 자상한 멘토(Mentor) 역할을 수행하기 위해 존재하는 지도자이다.

학생들의 꿈은 학생들의 숫자만큼이나 다양하다. 만약 교사가 자신의 생각을 학생들에게 일방적으로 제시한다면, 결국 학생들의 다양성은 말살되고 말 것이다. 그 결과 학생들은 자신도 모르는 사이에 자신의 꿈이 아닌, 교사에 의해 학습된 꿈을 꾸게 되는 것이다.

이렇게 학생들을 돕기 위한 구체적 작업은 다음과 같다. 먼저, 10

년, 20년 후의 자기 모습을 생각하게 한 후, 그것을 이루기 위해 앞으로 1년, 2년 동안 자신이 해야 할 일을 적게 하는 것이다. 이것마저도 감당하지 못한다면 그 범위를 더욱 축소시켜 주면 된다. 10년 후 아버지, 또는 어머니로서의 내 모습을 생각하게 한다. 그리고 그 부모가 해야 할 일들을 생각하게 한다. 마지막으로, 그것을 이루기 위해 앞으로 1년, 2년 동안 내가 준비해야 할 일들을 적게 한다. 이제 남은 일은 학생 자신이 작성한 그 일을 성취할 수 있도록 옆에서 꾸준히 격려하며 도와주는 것이다. 자발적 학습만큼 효율적인 학습은 존재하지 않는다.

둘째, 바람직한 교사는 올바른 가치관과 의사소통 능력을 향상시키도록 돕는 교사이다. 21세기는 정보 통신의 시대다. 이 시대에는 누가 무슨 정보를 얼마나 가졌는지는 이제 의미를 상실했다. 언제 어디서나 컴퓨터를 통해 인터넷에 접속하기만 하면 정보의 홍수가 펼쳐진다. 21세기의 리더는 이 정보의 바다에서 자신에게 유익한 정보를 신속하게, 정확하게 수집 가공하는 사람일 것이다. 그리고 동일한 정보일 경우에는 얼마나 사용자가 사용하기 쉽게, 이해하기 쉽게, 그리고 재미있게 그 정보를 재가공 하느냐가 21세기 리더의 자질을 결정할 것이다.

이런 시대를 준비하기 위해서는 기존의 지식전달 위주의 교육으로는 부족하다. 삶의 전 영역에서 정보를 판단하는 능력을 배양시켜 주어야 한다. 또한 습득한 정보의 경중을 판단하는 판단력과 함께 유익하다고 판단된 정보를 효과적이고도 재미있게 전달하는 능력을 키워주어야 한다. 이 일은 학생 스스로 하기에는 힘이 들기 때문에 교사가 학생에게 이 정보는 왜 유익하며, 이 정보는 왜 불필요한지 그 기준을 제시해 주어야 한다. 방법론이 아닌 기준을 제시해 줄 때 학생들은 스스로의 가치관을 정립함으로써 앞으로 어떤 정보가 쏟아져 온다 할지라도 거기에서 유익한 것을 선별하여 취할 수 있게 될 것이다.

셋째, 학생 스스로 학습할 수 있도록 도와주는 교사로서 이런 의미에서 바람직한 교사는 학생들의 자발성을 길러주어야 한다. 수없이 많은 정보의 홍수 앞에서 스스로의 힘으로 그것들을 이기게 해주어야 하고 이것에 실패한 결과의 대표적인 예가 채팅이나 게임에 빠진 청소년들이다. 이들은 자신에게 다가온 정보를 통제하지 못하고 그 정보가 자신을 통제하게 된 경우들이다.

학생들은 이제 스스로의 힘으로 그 정보들을 통제할 수 있어야 하며, 나아가 그 정보들을 학습할 수 있어야 한다. 교과목도 이제는 일방적인 주입식이 아니라, 학생들이 스스로 학습할 수 있는 자기 주도 학습을 할 수 있도록 하기 위해서 어떻게 해야 할 것인가를 고민하고 연구해야 할 것이다. 따라서 바람직한 교사는 끊임없이 연구하며 자기를 계발하는 교사이다.

또한 아무리 지식 전달이 의미 없는 시대가 되었다고 하지만, 이런 때일수록 전문가는 더욱 필요하다. 왜냐하면 그 많은 정보들의 경중을 판단하여 진위를 따지는 일은 전문가가 아니면 해내지 못하기 때문이다. 따라서 교사는 자기가 가르치는 교과에 대해 넓고 깊은 지식뿐 아니라 애정을 가지고 끊임없이 연구해야 한다. 조금만 마음을 놓으면 시대의 흐름에 뒤쳐지게 되며 결국 교사 자신이 낙오자가 되고 만다. 교사가 낙오자가 되는 것은 자신의 책임이지만, 낙오한 교사에 의해 가르침 받는 학생들마저 낙오자로 전락하는 것이 안타까운 현실이다. 낙오자 교사는 교실에서 아무런 열정을 쏟아 붇지 못한다.

c. 21세기 영재 지도교사의 역할

한 사람의 영재성의 발달에 영향을 미치는 사람으로는 부모, 형제, 교사, 훈련자, 아동이 동일시 할 수 있는 공적인 인물 등이 있다. 특히, 영재교육에 성공하려면 가르치는 교사와 배우는 영재 사이의 돈독한 관계형성이 전제되어야 한다. 사랑하고 존경하던 교사의 가르침은 제자들에게 얼마나 큰 영향을 줄 수 있던가? 그 가르침은 오랫동안 영재의 마음을 사로잡고 행동에도 영향을 준다. 교사가 수행해야 할 역할에 대해서 여러 가지 견해가 있으나 이영덕(1995)은 학생과의 심리적 관계를 중심으로 교사의 심리적 역할로서 상당히 많은 항목을 제안하고 있다. 이를 종합하면 다음의 세 가지 항목으로 집약할 수 있다.

학습조력자로서의 역할이다. 학생들에게 필요한 지식을 교수한다는 것은 교사의 제 1위적 임무이다. 학생들은 교사가 살아 있는 교과서의 구실을 해주기를 기대한다. 교사의 지식 정도는 영재의 영재성과 밀접한 관련이 있는 점으로 보아 지식의 공급원으로서 영재의 학습을 조력해야 한다. 그러나 단순히 지식을 전달하는데 그칠 수는 없다. 영재들이 중요한 지식을 이해하고 새로운 지식을 찾아내고 이미 습득한 지식을 적용하여 새로운 문제를 해결하는 등의 학습과정에서 교사는 유능한 조력자로서의 역할을 수행해야 하는 것이다. 특정한 개념이나 원리를 영재의 특성에 맞도록 설명해 주는 일, 영재의 소질이나 적성에 맞도록 학습과정을 마련해 주는 일과 같은 학습조력자의 역할을 수행하는 것이다.

둘째, 인생 안내자로서의 역할이다. 영재들은 교사와의 관계를 통하여 인생에 관한 많은 것을 배우게 된다. 특히, 영재들은 자기중심적 성격이 강하다. 이러한 영재에게 바람직한 인간관계를 안내하는 교사의 역할은 중요하다. 어떤 경우에는 다정한 친구로서의 역할을 담당해야 하기도 하고 또 어떤 경우에는 애정대상자로, 부모대행인으로서의 역할을 수행하게 된다. 영재의 보호자임과 동시에 상담자로서 영재를 격려하고 자신감을 부여하는 역할 또한 무시할 수 없는 것이다. 한편 교사는 훈육자로서의 고된 역할을 수행해야 한다. 인생의 바른 안내자가 되기 위해서는 적절한 훈육을 해야 할 필요가 있기 때문이다. 영재의 질서를 유지하고 공공의 규칙을 지키는 태도를 기르기 위하여 훈육은 필요한 것이다. 그러나 체벌에 의해서 훈육이 가능하다고 생각하는 것은 잘못이다.

셋째, 모형으로서의 교사이다. 영재의 사회화과정에서 교사는 사회의 가치와 생활양식을 대표하는 입장에 서게 된다. 영재들에게 바른 사회적 가치와 규범을 교육하기 위하여 영재의 특정한 행동을 인정도 해주고 격려도 하며 또 어떤 경우에는 질책도 하고 벌을 주기도 한다. 그러나 이러한 일보다 더욱 중요한 것은 교사 자신이 문화적 가치를 대변하는 모형이 되고 있다는 점이다. 사회화 과정에서 이른바 모형학습(modeling)이 큰 비중을 차지한다는 점에서 모형으로서의 교사의 역할은 대단히 중요한 것이다.

교사가 모형이 된다는 의미에는 또 다른 뜻이 내포되어 있다. 그것은 교사가 학생들의 동일시(identification)대상이 된다는 의미이다. 그러므로 교사의 일거일동은 학생들에 의해서 모방되게 마련이다. 교사의 말씨, 걸음걸이, 필체, 몸가짐 등이 일단 모방의 대상이 된다고 보아야 할 것이다. 이 점에서 교사는 영재의 모형이 되고 있다는 것을 늘 의식할 필요가 있다.

d. 지도교사와 영재의 학업 성취

교사의 심리적 특성과 영재의 학업성취 사이에는 긴밀힌 관계가 있다. 교사의 인성, 태도, 학생관 등에 따라서 영재의 학업성취는 크게 영향을 받는다. 이점은 좋은 교사가 되기 위해서 어떤 특성을 지녀야 하는가에 대해서 중요한 시사점을 제시해 준다. 영재의 학업성취와 관련되어 있는 교사의 특성에 대해서 자세하게 살펴보기로 한다.

첫째 교사의 태도와 학습 성취이다. 화이트(White)와 리피트(Lippitt)의 연구에서 교사의 행동유형으로 민주형, 전제형, 방임형으로 구분하고 그것이 각각 학생의 학업성취에 미치는 영향을 규명한 것이다. 이 연구에서는 민주형 집단이 유리한 결과가 제시되어 있다. 화이트(White)와 리피트(Lippitt)의 연구는 이 분야의 연구로서 선구적인 것이나 그 후의 연구에 의하여 상반되는 결과가 적지 않게 나타남으로써 민주형이 일률적으로 우월하다는 결론을 내리지는 못하게 되었다 (Stern, 1963).

교사의 태도와 학생의 학업성취와의 관계에 대해서 일률적으로 말할 수는 없다 하더라도 일반적으로 교사의 온정적이고 친절한 태도가 학업성취에 도움을 준다는 증거는 상당한 정도로 누적되어 있다. 코간(Cogan, 1958)은 교사의 따뜻하고 친절한 태도가 영재의 창의적 · 예술적 능력을 신장시켜 준다는 결론을 내리고 있으며, 리드(Reed, 1961)는 과학학습에 있어서 교사의 온화하고 동정적인 태도는 영재의 학습흥미를 크게 신장시켜 준다는 결과를 보고하고 있다.

둘째, 교사의 인성과 학업성취이다. 교사의 인성에 따라서 영재의 학업성취가 상당한 정도로 영향을 받는다는 것은 어떤 연구의 결과를 빌리지 않더라도 쉽게 짐작할 수 있는 일이다.

교사의 신경질적인 인성이나 정서적 불안감의 경향이 영재의 학습성취는 물론 그들의 인성에 부정적인 영향을 미친다. 그러나 교사태도의 경우와 마찬가지로 교사의 특정한 인성이 모든 영재에게 또는 모든 상황에서 동일한 영향을 미친다고 할 수는 없다.

셋째, 교사의 학생관과 학업성취이다. 교사가 영재를 어떤 관점에서 대해 주느냐에 따라 영재의 학업성취는 크게 달라진다. 능력이 있는 영재로 기대하고 그것에 따라 대해 주면 영재의 능력은 더욱 신장되어 피그말리온 효과를 볼 수 있다.

그와 반대로 능력이 없는 영재로 기대하면 그들의 능력은 신장되지 못한다. 영재는 여러 가지 요인에 의해 영재성이 발휘할 수 있다. 그 중에서 교사 변인에 의한 영향도 상당히 크다. 미래를 지고 나갈 영재에게 긍정적이고 적극적인 사고와 활동을 할 수 있게 교사는 정원사와 같은 마음으로 때에 따라선 가위로 쳐주기도 하고, 거름도 주기도 하고, 물도 주는 교사가 되어야겠다.

e. 5W 1H를 실천하는 영재 지도교사

영재 지도교사로써 영재성 교육을 실천하기 위해서는 무엇보다 교사 자신이 영재를 위해서 멀티 플레이를 할 필요하다. 이를 위해서는 5W 1H(When, Where, Who, What, Why, How) 수준에서 영재성이 강조되어야 한다. 그 동안 영재를 연구하는 학자들 간에는 소수의 천재들만이 아닌 모든 사람들이 영재성을 갖고 있다고 받아 들여져 왔다. 최근에는 전문적인 수준에서뿐만 아니라 일상생활 속에서 매일 활동하면서 영재성이 발휘되어야 한다고 제기 되어 있다. 이를 좀 더 확장하자면 매우 사소한 일에서부터 매우 전문적인 수준에 이르기까지의 모든 일에서 영재성이 발휘되어야 한다. 이를 위해서 교사는 6하원칙에 입각하여 언제, 어디서, 누가, 무엇을, 왜, 어떻게 등의 관점에서 영재들의 잠재력을 계발시켜 주어야 할 것이다(국제영재교육연구회, 2006).

영재 지도교사는 아동과 상호 작용하는 중요한 인적 환경으로써 영재성의 모델링이 될 수 있는 자질을 갖추어야 한다. 이를 위해서는 앞에서도 언급된 바와 같이 5W 1H를 실천하여 생활과 학습 속에서 영재성이 발휘될 수 있는 학생이 되어야 한다.

또한 영재 지도교사로써 영재 교육에 대한 이해를 갖기 위하여 자기 발전을 위한 연구, 관련 다양한 연수 등에 참여하는 기회를 갖는 것, 뿐만 아니라 다양한 교수-학습 방법을 개발하여 창의적이고 독특한 교수방법을 개발할 수 있는 특성화된 교사가 될 수 있어야 할 것이다.

2. 영재성 향상을 위한 부모의 역할

a. 가족이 영재성 발달에 미치는 영향

거의 발달된 시각, 청각, 미각, 후각, 촉각 등 감각 능력을 지니고 있는 영아는 주변 환경을 탐색하면서 환경에 적응해 나가기 시작한다. 이들이 발달시키게 되는 환경에 대한 민감성과 호기심, 그리고 일상생활 속에서 가지게 되는 모방놀이, 흉내 내기, 시행착오에 의한 문제해결 등은 아동의 영재성 발달에 큰 도움을 준다.

피아제(Piaget)에 따르면 인지발달의 전조작 단계에 이르게 되면 아동의 사고 작용에는 커다란 변화가 생긴다고 하였다. 영아에게 없었던 상징적 기능(symbolic function), 특히 언어를 통해 사고 활동을 함으로써 구체적이고 실제적인 대상을 보지 않고도 시공을 초월해서 어떤 사물·사건 등을 상상하게 된다는 것이다. 이러한 상상력의 발달로 아동들은 상상놀이, 역할놀이와 같은 창의적인 놀이를 즐긴다.

이와 같은 상징적 기능 외에 전조작기의 두드러진 특징 중 하나인 자기 중심적인 사고 또한 아동의 영재성 발달에 이바지한다. 타인의 입장을 고려하지 못하는 사고가 타인의 의식으로부터 그들을 해방시켜 주어 아동은 자기만의 독특한 사고와 느낌을 자유롭게 표현하게 된다. 뿐만 아니라 현실과 환상의 명확한 구분이 어려운 그들의 사고도 상상의 폭을 넓혀 주는데 큰 역할을 하게 된다. 비록 덜 발달된 이들 인지 능력들로 아동이 사고가 조작기에 비해 제한을 받기는 하나 오히려 이들 능력이 아동의 창의성에 크게 기여한다는 것은 이 시기가 발달의 어느 시기보다 뛰어난 창의적인 잠재성을 지니고 있음을 알 수 있다.

또한, 에릭슨(Erikson)의 심리사회 발달의 3번째 단계인 주도성 대 죄책감에 해당되는 이들은 독립심의 발달로 자신의 행동을 주도하게 되고, 자기만의 방식으로 어떤 일에 열심히 관여하게 된다. 또한 많은 호기심으로 질문이 많아지고, 종종 자기 스스로 질문에 대한 해답을 찾음으로써 상상력 개발을 시도하게 된다.

이러한 아동의 창의적 행동은 발달 연령에 따라 각기 다른 형태로

나타나며, 창의성을 보여주는 영역과 단계는 그들의 교육 정도, 경험,
인지적·신체적 발달단계에 따라 다르게 나타난다(Amabile, 1989).

b. 영재성 향상 환경 소성하기

아동기의 창의성 계발 및 증진을 위해서는 물리적·심리적으로 긍
정적인 교육 환경의 조성과 이를 토대로 한 창의성 교육이 이루어져
야 할 것이다. 환경에는 크게 물리적 환경과 심리적 환경으로 나눠서
생각해 볼 수 있다.

물리적인 요인으로는 적절한 온도와 조명을 고려한 안전하고 편안
한 환경에서부터 심리적 안전감을 주는 잘 고안된 건축물, 공간, 음악
등 그리고 다양한 창의적 자극을 줄 수 있는 물건이 있다(전경원,
1994). 이와 더불어 오감각을 자극할 수 있는 환경을 제공하여 아동의
호기심과 의문을 불러일으키고 이는 문제 발견으로 이어지면서 창의
적인 해결방안을 찾아볼 수 있도록 한다. 또한 구조화된 놀이 재료와
비구조화 된 놀이 재료를 적절하게 배치하여 아동의 창작활동을 격
려하며, 상상력을 발휘할 수 있도록 자극해야 할 것이다. 교실 영역
중 영재성 코너를 마련하거나, 생각할 수 있는 특별 공간을 마련해
보는 것도 아동의 창의성 발달을 도울 수 있는 물리적 환경이 된다.

심리적 환경이란 창의적인 아이디어를 내고, 아이디어를 산출물로
완성하기까지 지속적으로 이끌어 줄 수 있는 심리상태를 의미한다.
이런 심리상태를 만들어 낼 수 있는 다양한 형태의 사물과 분위기 및
사람이 여기에 포함된다고 볼 수 있다(전경원, 1994). 아동에게 창의
적 사고를 할 수 있도록 심리적인 안정감을 조성해 주는 것은 창의성

활동에 기본이며 기초가 된다. 방임이 아닌 질서가 있는 자유로운 환경 속에서 아동이 호기심, 즐거움, 개방성, 도전감, 자신감을 가지고 창의성 증진을 위한 동기를 부여받을 있도록 심리적 환경을 조성해 주어야 한다.

영재의 능력을 발현하기 위해서는 물리적, 정신적으로 가족의 도움이 절대적으로 필요하다. 재능 발달에 있어서 가족 및 그 역할이 매우 중요하기 때문에 아동의 재능 발달에 영향을 주는 가족의 특징에 대하여 자세히 살펴보고자 한다.

1) 가정환경

어린 시절의 환경은 아동에게 안정감을 주고 사회적 경험을 미리 연습하는 공간이 된다. 또한 아동은 이러한 환경 속에서 얻은 습관 견해를 통해 앞으로의 다양한 발달을 원만히 이룰 수 있는 것이다. 아동이 안정감과 사회 경험을 결혼으로 맺어진 부모를 통해서 얻느냐 그렇지 않느냐가 그다지 중요하지 않을 수도 있다. 그러나 명백한 사실은 아득한 옛날부터 현재까지 우리가 아는 모든 문화에서 대부분의 가정이 아동 양육 의무를 맡아왔다는 것이다. 가족이란 혈통 상으로 관련되었거나 혹은 사회적으로 설정된 의무관계에 의해서 맺어진 성인을 의미한다. 반면 아동을 양육하는 일시적인 다른 방법도 있었다. 그것은 소련과 중국 혹은 이스라엘의 키부티즘과 같은 것으로 이러한 실험적인 방법은 아동 양육에 있어서 결코 성공할 수 없다. 그렇기 때문에 가정에 아동양육의 전적인 혹은 부분적인 책임을 다시 부여할 수밖에 없었다. 그러므로 현재 유행하고 있는 가정의 결속이라는 문제는 상당히 과장된 것이다. 만약 진실로 가정이 파괴되었다면 이것은 단지 가족의 소멸을 의미한다기보다는 가족 문화의 종말을 의미한다.

어떤 아동에게나 집에 있는 시간은 매우 편안한 시간이다. 이러한 가정의 부모는 아동을 자상이 보살피고 아동이 여러 가지 도전할 수 있는 환경을 만들어준다. 그러나 어떤 아동에게 집에 있는 시간은 악몽과 같다. 이런 가정에서 아동은 가정의 여러 문제에 부딪쳐 이것들을 극복하는데 힘을 다 소진하여 아동은 성장에 필요한 여력이 조금밖에 남지 않는다.

불완전한 가정이 아동에게 건전하지 못한 가장 큰 이유는 아동을 보호하고 인도하며 아동에게 사회적 경험을 제공하는 부모의 관심이 부족하다는 것이다. 한 부모 슬하의 아동이 스스로 살아가는 법을 배우고 그림으로써 살아가는 데 필요한 여러 경험을 하게 된다는 것은 사실이다. 그러나 한 부모 슬하에서 자란 아동보다 부모의 보호를 받으면서 자란 자녀들이 안전한 환경 속에서 살아가는 데 꼭 필요한 기술들을 배우는 시간을 더 많이 갖게 된다는 것을 기억해야 한다(안홍선, 2006).

2) 영재성 발달에 가족이 미치는 영향

부모는 자녀의 영재성에 중요한 기여를 하고, 이러한 영재들이 다른 모든 자녀들에게도 요구되는 동일한 "바람직한 양육"을 필요로 할지라도 영재 가족은 보다 특별한 욕구와 문제를 지니고 있다. 예컨대, 영재의 부모는 흔히 자신들의 자녀가 실제로 영재인지를 확인하기 위해 아동에게 압력을 가중시킨다. 그러한 영재성이 아동으로 하여금 압박감을 느끼도록 할 때에는 배우자, 조부모, 교사 심지어 아동들 자신조차도 그러한 압박감에 대해 부모를 비난하게 된다. 영재들의 풍부한 어휘력과 인지능력 및 성인과 유사한 추론능력으로 인하여 흔히 영재는 지나치게 힘을 부여받게 되고 거의 성인과 같은 대우를 받게 된다. 나머지 가족 성원은 그 영재 아동과 다른 정도에 따라 그 형제들은 더욱 긴장하게 된다. 몇몇 영재 아동들에게는 많은 양육시간이 요구되기 때문에 바쁜 부모로부터 형제에게 할애되는 주의를 빼앗기게 될 수도 있다. 모든 부모는 자신의 자녀가 특별한 재능을 지니고 있다는 것을 부정한다. 왜냐하면, 그러한 부모들은 영재성을 사회적으로 수용되지 않는 것으로 여기고 따라서 자신의 자녀들이 "잘 적응하고" "정상적"이길 바라기 때문이다.

가) 가족의 구조적 특성

탁월한 성취를 보인 영재 아동 부모의 학력은 비교적 높은 것으로 나타났고, 부모의 평균 연령도 아동이 출생할 당시 다른 일반적인 부모에 비해 높은 것으로 나타났다. 질병과 사망으로 인한 가족 구성원의 상실이 약간 있었다는 증거가 있을지라도, 대부분의 경우 가족들은 안정적이었으며 이혼한 경우는 거의 없었다. 그러나 이러한 통계는 매우 제한적인 시기에 국한된다. 비전통적인 가족의 생활양식이 현 세대에서는 더욱 보편적이고 따라서 이러한 현상은 대부분의 전기적 연구기간 동안에 나타났던 것에 비해 문제를 거의 나타내지 않도록 했을 것이다.

나) 가족 관계

부모와의 긍정적인 관계가 전형적으로 또래와의 관계에 해롭지 않을 지라도 또래에게 충고를 들으려 하고 인정받으려 하는 의존성은 부모와의 밀접한 관계를 유지하는데 부정적인 영향을 끼친다. 힐(Hill, 1980)이 강조한 부모와의 지속적인 말다툼은 청소년으로 하여금 부모의 규범이 매우 반 학습적이라고 하였다. 높은 성적을 받은 것에 대해 자부심을 지니고 있는 영재 는 자신의 개인적인 학업적 동기에 충실할 것인지 아니면 또래에 걸 맞는 낮은 성취를 나타낼 것인지 하는 매우 난해한 개인적인 모순에 봉착하게 된다. 가장 심각한 비극은 영재 아동이 "공부가 좋은 것은 아니다."라는 또래의 의견을 수용함으로써 나타나는 정신적으로 학교를 이탈하는 것이다. 긍정적인 가족적 환경을 유지하는 것은 영재 아동이 청소년기에 느낄 수 있는 "반영재" 또래의 압력을 다룰 수 있도록 도와줄 수 있다.

콜맨(Coleman, 1961)은 학업에 정진하는 소년의 경우 운동에서 뛰어나 총명하다는 이미지를 분산시킬 수 있다면 그리고 소녀의 경우 운이 좋아 예쁜 외모를 지닐 수 있다면 불편한 또래의 압력은 감소된다는 것을 지적하였다. 불행이도 부분적으로 여고생이나 여대생 사이에 날로 증가하는 섭식장애를 설명해주는 예뻐야 한다는 공주 콤플렉스(complex) 관련 압박감도 날씬해야 한다는 욕구를 강조하게 된다. 또래 수용을 위한 또 다른 자격은 개인의 학업능력과 우수성을 경시해야 하는 기술이다. 예컨대, 세련된 어휘를 구사하지 않고, 높은 성취에 대한 열정을 나타내지 않으며, 많을 책을 지니고 다니지 않고 많은 독서, 공부 혹은 지적 흥미의 유회를 언급하지 않는 것 등이다. 어떤 고등학생은 자신을 "폐쇄적인"영재라고 기술 하였다. 그는 영재라는 이미지의 위험을 감수하려고 하지 않았다. 그럼에도 불구하고 그는 가능 한 은밀히 성취를 지속하였다. 그의 지능을 "은폐하려는"욕구는 청소년의 가치체계에 대해 슬픈 회고록인 것이다.

캘리포니아(California)와 위스콘신(Wisconsin)에서 8,000명의 고등학생을 대상으로 브라운(Brown)과 스텐버그(Steinberg, 1990)에 의해 실시된 조사는 또래 압력의 존재를 확인하였다. 높은 성취를 보인 학생의 10%이하가 기꺼이 "똑똑한"집단의 일인으로 식별되려 하였고, 학생들은 "괴짜"혹은 "얼간이"라고 명명되는 것을 회피하기 위해 논쟁, 컴퓨터 클럽 및 우수학급에서 탈퇴하였다. 그 백분율은 남성보다 여성의 경우가 더 낮았고, 아시아인의 경우 높았으며(14%), 흑인의 경우는 낮았다. 실제로 높은 성취를 나타낸 흑인 가운데 그 어느 누구도 똑똑한 집단의 일원으로 고려되는 것을 원하지 않았다. 루그틱(Lugtig)과 니촐스(Nichols, 1990)도 영재들이 수다나 우스갯소리를 통해 자신의 영재성을 위장하거나 숨기려고 하는 것을 밝혀냈다. 실제로 또래 압력을 극복하려는 청소년에게 도움을 준다는 것이 밝혀졌다.

스테인버그(Steinberg), 돈부쉬(Dornbusch) 및 브라운(Brown, 1992)의 연구에서는 또래 집단이 실제로 성취에 대해 중재효과를 지니고 있음이 밝혀졌다. 양육방식이 적절한 경우 또래의 영향은 학생의 성취를 저하시킬 수 있으며, 양육방식이 부적절한 경우 또래의 영향은 학생의 성취를 증진시킬 수 있다. 성취에 대한 또래 합력의 효과는 극적일 수 있다. 중간 수준의 재능을 지닌 학생과 극도로 높은 지능을 지닌 학생에 대한 또래의 압력을 비교한 여러 연구는 지능이 매우 놓은 학생에게 인기가 훨 씬 큰 문제라는 것을 발견하였다.

가족은 이 연구에서 증명된 영재 학생에 대한 압력을 경계해야만 한다. 브라운(Brown)과 스테인버그(Steinberg, 1990)는 다음과 같은 중요한 질문을 하였다. "우리는 자신들의 야망을 감소시켜 성인이 되었을 때 개인으로 하여금 사회적으로 인정받기 위해 계속해서 성취를 하지 않도록 훈련시키는 또래 체계를 지지하고 있는가?”

분명히 학교에서 영재 아동을 위한 프로그램은 또래 영향의 중요한 효과를 고려해야만 하며, 나아가 가족과 또래의 상호작용을 설명하는 연구가 실시될 필요가 있다.

다) 가족 및 학교 문제

영재를 위한 교육기회에 대한 옹호와 지지는 분명히 영재 아동을 위한 적절한 교과과정의 조정에 중요하다. 영재 아동은 소수 집단이기 때문에 특수 교사가 프로그램을 진행하지 않는다면 그들은 피상적이고 지나치게 쉽고 완만한 교과과정의 희생물로 전락하고 말 것이다. 더욱이, 부모들은 학령기 이전에 아동의 영재성을 판별할 수 있다는 증거가 나타나고 있다. 영재 아동의 부모 1,039명을 대상으로 한 전국적인 조사에서 이러한 아동의 70%가 3세 경에 부모에 의해 정확하게 판별되었다.

뉴저지(NewJersey)의 3,000명의 회원으로 구성된 영재사회(Gifted Child Society)의 전무이사인 리그스(G. G. Riggs, 1984)는 부모가 “교육에서 파트너의 지위 획득을 원한다면, 그들은 가정에서 부정적인 태도를 버려야 하며, 그들의 교육적 파트너인 학교를 매 학기마다 좋게 볼 수 있도록 집중해야 한다.”는 것을 제안하였다. 리그스(Riggis)의 결론을 지지하는 부모 옹호에 관해 특히 조심해야할 것은 낮은 성취를 나타내는 영재 아동의 가족과 학교 사이의 관계에 대한 연구에 기초하고 있다. 이 연구 대상 가족 가운데 90%에 해당하는 부모가 반대자였다. 부정적이고 반대론의 옹호는 맞불을 놓는 격이 될 수 있고, 아동과 청소년에 의해 학교와 교사를 경시하고 경멸하는 메시지로 여겨질 수 있으며, "보다 쉬운 탈출구"를 선택하도록 고무시키는 결과를 초래할 수 있다. 불룸(Bloom, 1985)에 의해 실시된 우수하고 뛰어난 성취를 보인 사람에 대한 연구는 기존의 대부분의 문헌에서와 마찬가지로 가정과 학교 사이의 긍정적인 관계를 발견하였다.

영재 아동의 가족 형태는 영재의 성취와 자아 지각에 지대한 영향을 끼친다. 영재 아동과 부모 사이의 관계는 영재성이 가족 내에서 어떻게 다루어 질 것인가에 대해 영향을 준다. 이것은 영재 아동을 위한 초기의 심화라는 부모의 역할에서 그리고 부모가 그 아동과 영재성의 지각을 공유하는 정도로 자명하다고 할 수 있다.

많은 영재 아동들의 경쟁적인 속성은 때때로 형제 관계에 문제가 있는 것으로 비쳐지기도 한다. 정상적인 형제간 경쟁은 영재성이 다른 아동들에게도 존재하는지의 여부에 따라 영재 아동의 존재에 의해 더욱 심화될 수 있다. 출생순위와 연령의 비슷한 정도도 가족이 영재인 아동과 그렇지 않은 형제 혹은 여러 영재로 구성된 형제를 다루는 방식에 기여한다.

또래 역시 청소년기에 영재와 가족이 상호 작용하는 방식에 영향을 끼친다. 동조 압력은 10대에 이르러 더욱 거세지며, 몇몇 10대의 영재는 자신의 영재 경향성을 억압하여 차이를 드러내지 않게 된다(안홍선, 2006).

c. 부모와 함께 하는 영재성 환경

1) 다양한 교수-학습 활동이 필요하다.

영재 교육 붐이 일어나면서 각종 고가의 학습 교재와 학원이 문전 성시를 이룬다고 한다. 그러나 실제로 영재를 키운 부모들은 다르다. 집에서 체험 학습 위주로 가르치며, 값싼 학습지 한 장으로도 한글과 영어, 수학을 가르친다. 비싼 교구와 실력 있는 지도교사, 특별한 장난감이 영재를 만드는 것이 아니라는 것을 영재 부모들은 보여준다.

2) 매일 일정하게 함께 하는 시간이 지속적이다.

영재 부모들은 공통적으로 "부모가 최고의 선생님!"이라고 말한다. 아동 시기에 최고의 영향력을 미치는 사람이 부모이고, 자녀를 가장 잘 아는 사람이 부모이기 때문이다. 매일 자녀의 발달 과정과 지적 욕구를 체크하면서 꾸준히 지도하는 것이 영재 육성의 첫 걸음이다.

3) 스킨십이 중요하다.

아동기에 부모와의 돈독한 신뢰감 형성은 어떠한 인지학습보다도 두뇌 발달에 효과적이다. 부모를 향한 신뢰로 자녀는 정서가 안정이 되고, 그래야 호기심과 자신감이 왕성해져 지적 욕구를 발휘하고 마음껏 채울 수 있기 때문이다. 신뢰감 형성을 위해서 잠자리 책 읽기, 마사지, 사랑한다는 표현 등을 자주 하는 것이 영재성 계발에 큰 도움이 된다.

4) 체험 학습을 중요하게 여기고 실천한다.

아동기에는 감각으로 세상을 배우는 시기이기 때문에, 체험 교육

이상 효과적인 것이 없다. 학습지 등으로 간접 교육을 시키는 것보다는 직접 보고, 듣고, 느끼는 체험을 통한 감각 교육이 좋다. 영재 부모들은 자녀들에게 많이 보여주고, 강한 느낌을 주려고 현장 학습이나 생활 학습을 이용한다.

5) 부모는 환경만 제공할 뿐 자녀 스스로 배우게 한다.

부모는 아이에게 물꼬만 터주면 된다. 아이가 움직이는 방향으로 동행하면서 물길이 막혔을 때 뚫어주는 가이드 역할이면 충분하다. 물의 방향까지 부모가 잡아주면 자녀는 소극적이고 자신감 없게 되며 성취감도 느끼기 힘들어져 자연히 적극적으로 배우려고 하지 않는다. 자녀가 무엇에 관심이 있는지, 무엇을 원하는지를 잘 관찰해 적절한 환경을 제공해 주는 것이 영재성을 계발하는 지름길이라고 할 수 있다.

6) 자녀를 특별하게 생각하는 부모가 되라.

자녀에게 타고난 재주는 있으나 다만 그 재주를 부모가 인정해주지 않는다면 어떤 재능도 쓸모가 없어진다. 부모가 자녀를 특별하게 생각한다면 자녀의 자신감이 높아져서 그만큼 높은 성취를 이룰 수 있게 된다. 자녀와 관련된 일을 할 때는 반드시 동의를 구한 뒤 해야 한다. 제 생각을 일목요연하게 표현하지는 못해도 자녀가 '엄마와 아빠는 내 의견을 존중한다.'는 느낌을 갖게 된다. 자녀가 영재로 판명되고 나서 부모의 과도한 스트레스나 기대 때문에 영재성을 발휘하지 못하고 마는 경우가 많다. 이런 부모들은 대개가 '나는 내 자녀를 잘 안다.', '내 자녀를 위해 하는 일이다.'고 생각하고 자녀의 의견을 묻지 않는다.

7) 자녀의 질문에 성실하게 답하는 부모가 되라.

질문이 많은 자녀라면 부모는 질문을 치리하는 방법이 보통의 부모와 달라야 한다. 아주 진지하게 반응을 보이는 것은 영재교육의 기본이다. 답을 해 줄 질문과 되물어야 하는 질문, 스스로 답을 찾을 수 있는 방법을 알려주는 질문을 구별하고 적절히 대응해야 한다.

8) 가르치려 들지 않고 함께 놀아주는 부모가 되라.

자녀에게 지식을 주입시키지 말고 대등한 입장에서 학습한다. 자녀에게 학습과 일이 얼마나 즐거운 것인지 알게 해 주면 자녀는 과제에 집중하는 동안 집착력과 창의성이 길러진다. 이런 일은 자녀가 어렸을 때만 가능하므로 더욱 관심을 기울여야 한다.

9) 실패할수록 격려하는 부모가 되라.

한 번에 성공했을 때보다 몇 번의 실패를 거듭한 끝에 얻은 성공을 칭찬해주고 실패했을 때 아낌없이 격려해야 한다. 실패를 두려워하면 아무 것도 이룰 수 없음을 알려주고 최선을 다했다면 실패해도 부끄럽지 않음을 알려주어야 한다.

10) 영재성 계발을 위한 환경을 제공한다.

자녀를 둔 부모에게 가장 중요한 것은, 큰 기대와 함께 많은 교육비를 쓰면서 자녀가 부담을 갖게 하는 것이 아니라, 자녀가 자유롭게 자신의 흥미와 재능을 신장시킬 수 있는 환경을 만들어 주는 것이라 생각된다. 바꿔 말하면, 자녀의 능력에 맞추어, 자녀의 수준에 맞는 공부를 시켜주는 것도 괜찮다는 뜻이다. 무리를 하면서 까지 자녀의 의사를 완전히 무시하고 무거운 부담을 주는 것은, 자녀의 유연한 발상을 빼앗는 것이 될 수도 있다. 더 나아가 일정한 문제나 사상(事象)에 대해 컴퓨터적인 발상 밖에 할 수 없는 인간을 만들게 될 지도 모른다. 이것은 결과적으로 자녀의 영재성을 빼앗는 것이다. 이렇게 보면 영재를 쓸모없는 존재로 만드는 최대의 원인은 부모 자신이라고도 할 수 있다. 오늘날 인류가 편리하고 윤택한 생활을 할 수 있는 것은, 에디슨이나 피카소처럼 학교 성적은 형편없었지만 영재성이 뛰어난 사람들이 있었기 때문이다.

11) 자녀에게 사랑을 듬뿍 주는 부모가 되라.

사랑을 듬뿍 받으며 자란 자녀는 정서발달 뿐만 아니라 인지능력의 발달도 빠르다. 미국의 조지워싱턴 대학 소아심리학과의 스탠리 그린스팬 박사에 따르면 아동의 정서발달은 아동기에 받은 사랑을 기초로 이루어진다고 한다. 즉 뇌의 감정조절을 담당하는 부위가 자녀의 지적능력 발달에 영향을 미친다는 것이다.

12) 자녀에게 기대와 관심을 기울이는 부모가 되라.

부모는 끊임없이 관심을 갖고 자녀가 무엇을 원하는지를 알아내도록 노력해야 한다. 자녀가 어떤 소리에 민감하게 반응하는지, 어떤 경우에 즐거워하고 슬퍼하는지 등등 자녀의 변화를 민감하게 체크할 수 있어야 한다. 자녀가 무엇인가 원한다는 것을 즉각 알아내어 자녀의 잠재력을 이끌어 내는 것이 영재성 키우기의 기초 발판이 된다.

13) 자녀를 올바르게 파악하고 있는 부모가 되라.

자녀마다 각각 개성과 특성이 다르다. 어떤 자녀는 말을 빠르게 하고 어떤 자녀는 운동능력이 뛰어날 수도 있다. 자녀를 어떤 기준치에 맞춰 이런 저런 걱정을 할 필요는 없다. 대신 부모는 자녀가 어떤 것을 좋아하는지, 어떤 것을 싫어하는지를 명확하게 파악하고 있어야 한다.

14) 자녀를 학습에 적극 참여 시키는 부모가 되라.

자녀를 교육시킨다고 부모가 모든 기회를 제공해 주고 학습 방법까지 책임지려는 경우가 많다 책을 읽을 때 부모는 혼자 줄줄 읽고 표정 연기를 한다. 그러나 이런 방법보다는 자녀에게 많은 질문을 하고, 자녀 스스로 응답하고 즐거움을 느끼게끔 만드는 것이 더 중요하다. 자녀를 학습의 `소극적인 관찰자`에서 적극적인 참여자`로 변화시키는 것이 좋다.

15) 재미있는 방법으로 학습시키는 부모가 되라.

아무리 좋은 교재라도 자녀가 흥미를 보이지 않으면 효과가 없다. 강제로, 재미없게 주입된 지식은 자녀에게 지적 소화 장애를 일으킬 뿐이다. 숫자를 배울 때 카드로 1, 2, 3을 가르치는 것보다는 자녀가 좋아하는 블록 쌓기를 하면서 가르치는 것이 더 재미있고 효과적이므로 영재성 계발을 위한 다양한 방법을 모색할 줄 아는 부모가 되어야 한다.

3. 영재교육 특성화의 바람직한 방향

a. 아동들에게 시간과 장소의 제한 없이 영재성을 계발 할 수 있는 다양한 프로그램 활용 환경을 꾸며 주고, 이런 시스템이 갖추어진 영재성 향상 교수-학습지원 센터를 설립해 적성활동 운영의 총체적인 지원과 함께 영재성 계발로 가치를 창조하고, 세계로 향하는 지구촌의 꿈나무들을 개인별 특성에 따라 육성하는 바람직한 풍토가 학습의 흡수력이 빠른 아동기부터 조성되어야 할 것이다.

b. 풍부한 영재성을 기르는 다양한 과정을 즐기고, 아동들이 불편과 부담 없이 마음껏 활동할 수 있는 창의적인 시설 확충과 최첨단 전문 기자재 확보, 영재교육 전문 지도자 발굴·육성 및 지속적인 연수 활동을 하는데 국가 차원의 계속적인 지원이 있어야 할 것이다.

c. 영재교육 특성화 활동 중심의 다양한 교수-학습 프로그램의 개발과 영재성 함양을 위한 쾌적한 환경 등 시설을 보충하고, 전면 개방하여 영재교육 관련 전문가 및 영재 지도교사의 전문적이고 지속적인 지도를 영재 아동들이 받을 수 있도록 경제적인 지원과 배려가 있어야 할 것이다.

d. 영재성 계발 활동과 관련된 첨단 시설, 시설의 위치, 내용, 시설 사용 가능, IT 기자재, 유비쿼터스(Ubiquitous) 환경 제공, 산출물

제작 시스템 등 창의적인 활동 전반에 관한 내용을 네트워크화
하여 공유할 수 있는 데이터베이스(DB)를 구축하고 지속적인 후
원이 있어야 할 것이다.

e. 영재 교육 관련 연구자들이 특성화 활동을 통한 영재성 향상에
   접근할 수 있는 실질적인 교수-학습 프로그램들을 개발하고, 아
   동들로 하여금 다양하게 체험할 수 있게 하며, 그 결과 최첨단으
   로 변화하는 미래 사회를 주도적으로 이끌어 나아갈 수 있는 인
   재로 육성하는데 영재 교육 현장을 담당하는 지도교사가 앞장서
   야 할 것이다.

f. 아동들은 지도교사의 관심과 배려 이상으로 다양한 특기와 적성
   이 계발되고 있으나, 지역과 학교 형편에 따라 영재의 개념과 판
   별 방법이 달라질 수 있으므로 그에 따른 영재성교육 특성화에
   관한 심화학습 프로그램의 개발이 요구되며 관계 당국의 과감한
   투자가 있어야 할 것이다.

g. 영재성 향상 교육을 담당한 지도교사들의 조직적인 교육과 연수
   를 통해 첨단화된 안내를 받고 지원받을 때 그 효과는 무궁무진
   할 것이다. 잠재 능력이 뛰어난 아동들을 조기에 발굴하여 그들
   의 창의적 행동, 잠재력 계발, 학습 속도, 흥미와 관심 등에 적합
   한 학습을 할 수 있도록 하는 교육적 배려를 해야 할 것이다.

h. 아동의 창의적인 활동이 영재성 향상에 강하게 미치는 바람직한

영향을 위해서 영재교육 지도교사 직무연수를 강화하고, 평생교육 차원에서 관심 있는 학부모들을 영재성 향상 교육을 권장하여 영재교육 현장에서 도우미로 활용해야 할 필요가 있다. 특히 지원이나 활동이 부족한 부분은 영재교육 분야별(영재 판별, 영재 프로그램 개발, 영재 사례 연구 등)로 스터디 그룹을 활성화해야 할 것이다.

D. 영재 교육과 아동의 창의성 발달

1. 창의성 교육 이론

a. 사고(thinking)의 개념

사고는 어떠한 표상을 조작하는 활동이며, 그러한 과정을 통하여 의미를 만들어 가며, 그래서 판단을 내리고 문제를 해결하는 정신적인 활동이다. 표상에는 단어, 이미지, 아이디어, 기호, 숫자나 다이어그램 등으로 표현되는 기호나 상징이 있고, 조작은 정신적인 과정으로 작용, 처리, 계산과 동의어로 사고의 방법이며, 논리적이고 창의적으로 학습되어져야 한다.

표상은 사고를 위한 도구이므로, 사고의 과정 즉, 조작하기에 앞서 먼저 많은 표상이 있어야 한다. 그러기 위해서는 학습자들에게 표상을 수집하거나 획득하는 능력이 우선되어야 한다. 표상을 수집하는 방법은 학교에서의 학습은 필수적인 것이며, 그 외 독서를 하거나, 백과사전을 통한 정보수집, 인터넷을 통하여 필요한 정보수집 등을 들

수 있다. 그러므로 교사는 학습자들이 효과적으로 독서할 수 있도록
안내해야하며, 문헌이나 인터넷의 자료를 통하여 정보를 수집하고 수
집된 정보들 중에서 필요한 정보만 선택하여 활용할 수 있는 정보 탐
색의 능력이 신상뇌도록 관심을 가져야 한다.

b. 사고의 종류

사고를 크게 나누면 비판적 사고와 창의적 사고로 나눌 수 있다.
비판적 사고는 문제를 깊게 이해하고, 그 문제가 신뢰롭고 충분한지
를 이유나 논증분석을 통하여 따져봄으로써 확대 적용할 수 있는 생
산적이고 긍정적인 활동이며, 창의적 사고는 협의의 창의력, 광의의
창의력, 과정으로서의 창의력 등 세 가지로 나누어 생각해 볼 수 있다.

(1) 협의의 창의력

길포드(Guilford)의 발산적 사고(확산적 사고)와 드 보노(de Bono)의
수평적 사고의 개념으로 객관적인 창의성 척도를 개발하려는 사람들
은 대개 이렇게 정의를 한다. 어떠한 문제나 상황에 대한 대안을 주
어진 시간 내에 가능한 한 많고, 다양하며, 독특한 것(아이디어, 작품,
대안 등)일수록 창의적인 사고라고 본다.

(2) 광의의 창의력

문제에 대하여 다양하고, 독특하고 많은 대안을 생성한 것을 바탕
으로 하여 새롭고 유용한 어떤 것(제품, 정보, 아이디어)을 생산해 내
는 행동이나 정신과정을 말한다. 즉, 새로운 것(new, novel)인 통상적이

아니고 기발(신기)하고 독창적인 것과 남들의 인정을 받아야 하는 유용한(useful, valuable)것이어야 한다.

생성해 낸 대안이 새롭기만 해서는 활용가치가 부족하며 그렇게 생성된 새로운 대안이 실제 문제 상황이나 생활에 효율적으로 적용되기 위해서는 반드시 유용한 것이 될 수 있도록 깊이 있게 생각하고 다듬어 나가야 한다.

(3) 과정으로서의 창의력

기존의 정보(지식, 개념, 아이디어)들이 특정한 요구조건에 유용하게 부합되도록 정보를 조합, 연결, 또는 결합시키는 활동으로 주어진 상황에 따라 창의적으로 문제를 해결할 수 있는 능력이다.

c. 창의적 사고의 요소

창의적 사고를 인지적 측면, 정의적 측면, 환경적 측면으로 나누어 살펴보면 다음과 같다.

(1) 인지적 측면

인지적 측면에서 학습되어야 할 창의적 사고의 요소로는 유창성, 융통성, 독창성, 정교성 등 이다.

(가) 유창성

생성해 낼 수 있는 아이디어의 수량(many)을 말한다. 보다 유창하게 아이디어를 생산해 낼수록 유용하고 효과적인 아이디어가 그 가운데 포함되어 있을 가능성은 더 크다.

① 일상의 물건을 독특하게 사용할 수 있는 방법들을 주어진 시간
    내에 가능한 대로 많이 생각해 보기
② 빨간 물건의 보기 나열하기
③ 낱말을 듣고 떠오르는 단어를 나열하기
④ 세 글자로 된 단어 나열하기
⑤ ◇, △, ○와 같은 도형을 이용하여 만들 수 있는 도형 나열하기

(나) 융통성

생성해 내는 아이디어가 포괄할 수 있는 범주(종류)의 수(varied)를
말한다. 즉 아이디어 생성의 폭을 의미하며 여러 가지 문제 상황을
제대로 해결하려면 다양한 범주로 생각할 수 있어야 효과적으로 해
결할 수 있다.

아이디어를 생성해 내기에 앞서 범주리스트를 제시해놓고 범주에
따라 사고할 수 있도록 한다. 토랜스(Torrance)의 미래문제해결 프로그
램(FPSP, Future Problem Solving Program)에서 제시하는 범주리스트는
18개 분야이며, 구체적으로 사업 및 무역, 운송, 인간관계, 교육, 기술,
레크리에이션, 정부 및 정치, 윤리 및 종교, 예술 및 취미, 신체 건강,
정신 건강, 기본적인 요국, 방위, 경제, 법률 및 정의, 통신, 기타 등이다.

학습상황에 따라 교사와 학습자들이 서로 상의하여 범주를 미리
설정해 놓고 범주에 따라 다양하게 사고하는 것도 바람직하다.

① 토랜스(Torrance)의 미래문제해결 프로그램(FPSP)의 범주리스트
    의 분야에 따라 'ㄱ'으로 시작하는 낱말 찾기
    예 ; 사업, 무역→ 공장, 교역, ……

운송→ 가마, 기차, 경찰, 교량,……

인간관계→ 고부관계, 고모, 고숙, 가이드, 감포지교……

② 대상에 대한 시각을 달리하여 다른 용도로 재활용할 수 있는 방법 생각하기

예 ; '책가방'을 타용도로 사용한다면 어떻게 재활용할 수 있을까?

③ 상황이나 사물에 대처할 수 있는 문제제시

예 ; 우산은 준비하지 않았는데 갑자기 비가 내렸다. 우산 대신에 사용할 수 있는 도구에는 어떠한 것들이 있는가?

대안을 생성해나가는 도중에 생각이 막히면 범주리스트를 보면서 생각할 수 있도록 범주리스트를 쉽게 볼 수 있는 곳에 게시해 두면 효과적이다. 다양한 시각에서 사물을 보고 아이디어를 생성해 낼 수 있도록 한다.

(다) 독창성

아이디어의 고유성(original)으로 생성해내는 아이디어가 남들이 흔히 만드는 것이 아니 기발하고 독특한 것을 말한다.

① 전혀 다른 상황을 결합하거나 조합하여 독특한 상황 만들기

예 ; '세상에서 하나 뿐인 신발 디자인하기'

② 강제 결합하여 독특한 상황 만들기

예 ; '할머니', '하늘', '운동화'의 3낱말을 활용하여 "어떻게 하면 친구와의 좋은 관계가 지속될 수 있을까?"라는 문제에 대한 해결책을 찾기

(라) 정교성

아이디어의 실용성(valuable, elaborative)으로, 생성해 낸 아이디어가 얼마나 자세하고, 세부적이며, 구체적인 수준의 것인지를 말한다. 사고가 피상적인 수준에 머물지 않고 보다 세부적으로 나아가며, 기본적인 아이디어를 보다 재미있고 완전한 것으로 다듬고 확대시켜 나아가는 것이다.

① 큰 종이 위에 반지름 5㎝의 원을 그린 후, 이 원에다 무엇을 더 그려 넣어 더욱 재미있는 그림으로 만들기
② 불완전한 도형 완성하기
③ 기본의 문장을 좀 더 재미있게 완성하기

(2) 정의적 측면

정의적 측면에서의 창의적 요소는 사고의 성향으로 자발성, 독자성, 호기심 변화에 대한 개방성, 근면성, 상상력, 탐구를 전제로 하는 민감성, 복잡성과 애매함을 인내하여 판단을 유보하거나 통제하기 등이다. 이 중에서도 대표적인 것이 민감성과 판단의 유보와 통제를 들 수 있다.

(가) 민감성

창의력 훈련의 기본이 되는 민감성은 호기심을 가지고 민감하게 철저하게 들여 보는 것으로 '민감한 관찰'이라 부르는 것이 보다 적절한 것 같다.

창의적이려면 관찰력이 뛰어나야 한다. 관찰하려면 사물을 주의 깊게 살펴보아야 한다. 그렇다면 무엇을 주의 깊게 살펴 볼 것인가에

대하여 생각해 볼 필요가 있다.

사물의 특징, 형태, 색, 분위기까지도 자세히 살펴보아야 한다. 이러한 관찰력이 뛰어나야 만이 감각이 예민해지고 더 많은 것을 보고, 느끼고, 냄새 맡고, 듣고, 생각할 수 있게 된다.

민감성을 기르기 위해서는 다양한 질문이 뒤따라야 한다. '있을 것이 제자리에 있는가?', '결손 또는 부족한 것은 무엇인가?', '모순된 것은 무엇인가?' 등과 같은 질문을 계속하고 질문에 대한 대답 찾는 훈련이 필요하다. 처음에는 교사나 부모가 질문을 할 수 있지만 어느 정도 기간이 지나면 자기가 자신에게 묻고 답하면 된다.

① 질문을 통하여 주어진 상황을 자세히 관찰하기

예 ; 교과서 삽화를 제시해 놓고 다양한 질문하기

'빠진 것은 무엇인가', '더 있으면 좋은 것은 무엇인가' 인물의 행동은 어떠한가?, 인물의 눈동자와 손가락은 어느 방향을 가리키는가?, 왜 그렇게 생각하는가?, 얼굴표정은 어떠한가, 왜 그런 행동을 하고 있을까? 이 삽화를 보면 오늘 공부하는 내용은 무엇일까? 등과 같은 질문을 하기

② '연필'을 가능한 대로 자세하게 관찰해 보고 그려보기(다양한 시각에서 관찰하고 자세히 나타내기-연필의 표면에 있는 무늬까지).

③ 오감을 통하여 경험하기

시각적 경험 → 두 개의 삽화를 보면서 틀린 부분 찾아내기

청각적 경험 → 시작종소리와 끝 종소리의 공통점과 차이점 찾기

미각적 경험 → 주어진 재료의 맛을 보고 독특한 맛 만들어보기

후각적 경험 → 눈을 감고, 손으로는 만지지 말고 코만 이용하여 사과, 귤, 바나나, 수박 등 과일 구별하기

촉각적 경험 → 눈을 감고, 손으로 만져서 물건 구별하기, 손으로 만져본 느낌을 신체로 표현하기

(나) 판단의 유보와 통제

가장 좋은 아이디어나 대안이 생성될 때까지 아이디어에 대한 평가를 유보함으로써 더 많은 아이디어를 생성할 수 있으며, 더욱 다듬어지고 발전할 수 있으며 또한 많은 아이디어들을 가지고 한꺼번에 평가하면 거기에서 얻는 해결책은 더 나은 것이 될 가능성이 크다. 왜냐하면 인간의 지성이란 계속하여 조형하고 개선하고 다듬어 가는 과정이기 때문이다.

모든 문제의 상황에서 판단을 유보하거나 통제하는 것은 아니다. 어떤 '사실'을 찾고 확인하는 문제의 상황에서는 바로 판단해야 한다. 예를 들어 '이것은 과일이다.'라는 것은 사실이 밝혀졌으므로 판단을 유보할 필요가 없다. 그러나 '보다 나은', '더 나은 것'을 찾기 위한 문제 상황에서는 생각하고 따져 보아야 하므로 판단을 유보해야 한다. 예를 들어 '과일은 몸에 좋다'라는 것은 과일이 몸에 좋은지, 어떻게 좋은지 등을 따져보아야 하므로 얼마동안 유보하여야 한다.

판단을 유보하면

첫째, 더 많은 다양한 아이디어를 생성해 낼 수 있으며, 시간적으로 진행의 효율성이 향상된다.

둘째, 아이디어들을 서로 창의적으로 조합하고 다듬을 기회를 가지게 된다.

셋째, 생각하고 판단할 여유가 생기므로 결정된 내용이 실제 상황에 적용되었을 때 효과적이다.

넷째, 집단사고를 할 때 서고의 의견을 비판하거나 평가하지 않고 모두 수용해 줌으로써 개인간의 갈등이 줄어든다.

다섯째, 판단을 유보하여 최종안을 결정하게 되면 '우리 것'이라는 소유의식이 생기게 되고 소속집단에 대한 협동심, 충성심, 단결심이 생기게 된다.

마지막으로 어떤 상황에 대처하는 자신의 감정을 통제하거나 유보하는 자율성이 신장된다.

(3) 환경적 측면

창의적 사고를 증진시키는 환경은 집단의 참여도를 격려하고 활동이나 의사 결정에 있어서 소유의식의 수준을 높이는 것으로 요약된다. 학습현장에서의 창의적 분위기란

(가) 학습자의 독특한 아이디어나 반응을 지지하고 강화하도록 한다.

(나) 교사와 학습자들은 산출한 아이디어에 대하여 비판적인 태도를 삼가고 판단을 유보한다.

(다) 수업재료나 수업전략을 학습양상을 바탕으로 하여 개인의 과제를 효율적으로 처리하게 한다.

(라) 학습자들의 아이디어와 관심을 수업절차에 가능한 많이 적용시키고 학습자들에게 선택의 기회와 의사 결정 시 참여할 수 있는 기회를 제공한다.

(마) 학습자들이 창의적인 아이디어를 생각하고 발전시켜 볼 수 있도록 시간을 주도록 한다.

(바) 학습자와 교사간은 물론이거니와 학습자 상호간에도 상호존중하고 수용하는 분위기를 유도한다.

(사) 창의력은 누구나 가지고 있는 특성이며 이는 학습함으로써 개
발될 수 있다는 것을 인식시켜 흥미와 관심을 갖도록 유도한다.
(아) 아이디어를 지지하고 함께 참여하는 것의 중요성을 일깨운다.

d. 창의력을 표출하는 방법

자신의 느낌인 생각을 표현하기 위하여 말하거나, 그림을 그리거
나, 노래를 부르거나, 춤을 추고 때로는 작품을 만들기도 한다. 즉, 언
어, 도형, 소리, 동작, 조작과 같은 방법을 이용한다. 이러한 방법에
대한 선호는 개개인의 특성이나 발달과정에 따라 다르다.

학습자들의 창의성은 다양한 활동 속에서 표현된다. 언어적 창의
성이 뛰어나기도 하고, 신체를 통한 창의성, 그림을 통한 창의성 등
각각 다른 정도의 창의성이 표출된다. 이에 따라 교사는 학생들이 자
신의 생각을 창의적으로 표출하기 위하여 다양한 측면에서의 자료를
제공해 주어야 한다. 그렇게 되면 학습자들은 자기가 선호하는 측면
으로 창의적인 표현을 효과적으로 표현할 수 있게 된다.

창의적 사고를 위한 학습의 예로 '세 낱자로 되어 있는 낱말 만들
기'와 같은 언어 영역의 과제를 제시할 수 있고, '주어진 도형으로 다
양한 그림 완성하기'와 같은 도형영역의 과제, '들려주는 음악을 듣고
그 느낌을 신체로 표현하기'와 같은 움직임 영역의 과제, '음악을 듣
고 재미있고, 다양한 가사로 바꾸어 부르기'와 같은 소리영역의 과제,
'주어진 자료를 활용하여 다양한 모양이나 독특한 작품 만들기'와 같
은 조작영역의 과제를 골고루 제시해 주어야 한다. 교사가 다양하게
제시해 놓으면 학습자 자신이 가장 창의적으로 표현할 수 있는 즉,

선호하는 영역을 선택할 것이다.

e. 창의력을 향상시키는 사고기법

(1) 사고기법의 분류

'사고기법'이란 어떤 목적을 위한 사고의 과정을 공식화 해 높은 것이다.

(가) 개인이 사용할 수 있는 기법과 집단이 사용할 수 있는 기법

(나) 아이디어 생성을 위한 기법(발산적 사고 기법)

① 브레인스토밍과 관련기법들(브레인라이팅, 브레인라이팅 게시 기법)

② 강제결부법

③ 아이디어 계발·선택하기 위한 기법(수렴적 사고 기법)

④ 하이라이팅 기법, PMI, P-P-C 대화기법, 평가행렬표, 쌍비교 분석법

⑤ 아이디어를 실천하고 행위화하기 위한 기법(행위계획을 위한기법)

(2) 사고기법의 실제

다양한 사고기법 중에서 간단하면서 쉽게 활용할 수 있는 몇 가지 기법을 살펴보기로 한다.

(가) 브레인스토밍(Brainstorming, BS)

① 원리: 판단을 유보한다. 양이 질을 낳는다.

② 규칙(4S):

　　Support → 제시한 아이디어에 대한 평가(판단)는 나중까지 유보

　　Silly → 거칠고 자유분방하고, 엉뚱한 것일수록 참신할 수 있음

　　Speed → 많은 아이디어들을 생성해내도록 격려, 질(質)보다 양

(量)을 우선으로 생각하므로 아이디어를 생성해 낼 때
에 시간을 제한하거나 생성될 아이디어 수를 제한하
기도 한다.

Synergy → 아이디어를 조합, 결합하여 향상된 다른 것 생성

브레인스토밍의 절차를 살펴보면 다음과 같다.

① 집단의 구성 → 집단의 크기는 5～12명으로 저학년에는 4명 정
도, 고학년은 6명이 이상적이다. 서로간의 아이디어가 잘 들릴
수 있도록 발표하며, 다른 집단에 방해가 되지 않도록 발표하는
습관에도 관심을 두어야 한다.

② 사회자와 함께 기록자를 둔다. 사회자는 회의를 진행하고, 기록
자는 참가자들이 표현한 아이디어들을 기록한다. 대개 칠판이
나 큰 종이 위에 기록하여 모든 사람들이 보고 재검토 해 볼 수
있게 한다. 시계도 준비하여 회의가 유머러스하면서도 시간에
맞춰 빠른 속도로 진행되게 한다.

③ 워밍업 연습: 회의에서 다루는 문제를 실제로 제시하기 전에 사
회자는 브레인스토밍의 규칙을 잘 설명해야한다. 그리고 분위
기의 냉기를 깨고 마음이 좀 편안해지도록 연습문제를 브레인
스토밍해 보는 것이 좋다.

아이디어 평가는 생성해 낸 아이디어들을 심사하고 분류하고 평가
해야 한다. 그래서 하나의 또는 가장 그럴듯한 몇 개의 아이디어를
선택해야 한다. → 수렴적 사고

① 평가의 기준, 즉 준거를 정해야 한다.

② '긍정적 판단'을 강조→ 아이디어를 잘라내는 것보다는 더 나은
것을 찾는 해야 한다. 아이디어를 평가하면서 표현되어 있는 액
면 그대로 뿐만 아니라, 그것을 약간 수정했을 때까지를 고려하
여 그 아이디어의 가치를 판단해야 한다. 엉뚱하고 터무니없는
것 같아 보이는 아이디어라도 그것을 약간 수정하면 매우 현실
적인 대안이 될 수 있는가를 살펴보아야 한다.

(나) 브레인라이팅(Brainwriting)

브레인라이팅은 브레인스토밍 기법의 변형으로 참가자들이 좀 내
성적이어서 남들의 면전에서 자신의 생각을 표현하기를 주저하는 장
면에서 사용하면 효과적이다. 또는 회의에 참가한 사람의 수가 상당
히 많은 경우나 많은 아이디어들을 빠르게 생성해 내고 싶을 때도 사
용할 수 있는 훌륭한 창의적 사고기법이다. 브레인라이팅을 할 때는
말은 일체 허용되지 않고 자신의 생각을 브레인라이팅 용지에 적기
만 하며, 집단 구성은 다음과 같다.

① 소집단으로 구성하는 것이 좋으며, 4~6명의 정도로 조그마한
   원탁에 둘러앉아 진행한다.

② 각 참가자에게 브레인라이팅 용지를 한 장씩 배부한다.
   이 용지에는 가로에는 3~4개, 세로는 집단의 구성원 수만큼 동
   간격의 줄이 그어놓는다.

③ 브레인라이팅 원리를 숙지한다.

④ 해결해야 할 문제를 적는다. 그리고는 3~4개의 아이디어를 적
   는다. 문제는 구체적으로 진술한다.
   예 ; 어떻게 하면 우리반 친구들이 사물함 정리를 잘 할 수 있을까?

어떻게 하면 학습 분위기를 조용하게 할 수 있을까?

⑤ 3~4개의 아이디어를 적었으면 그 용지를 원탁 위에다 가져다 놓는다. 그리고 다른 사람이 마치고 가져다 놓은 용지를 집어온다. 이 때, 원탁에 놓아두지 않고 오른쪽이나, 왼쪽으로 돌아가면서 적어주기를 해도 무방하다.

⑥ 이제 두 번째 줄에다 3~4개의 아이디어를 더 적어 놓는다. 그것은 새로운 아이디어일 수도 있고, 다른 사람의 것에서 자극 받은 것일 수도 있다. 이전의 아이디어들을 조합하거나 거기에 무엇을 추가시켜 새로운 아이디어를 만들 수도 있다.

이상의 방법으로 아이디어를 생성해 내는 것이 브레인라이팅이지만 실제로 학습현장이나 생활현장에서는 아이디어를 생성해 놓고 그것을 바탕으로 최선의 아이디어로 다듬어 나가는 것을 함께 지도하면 효과적이다. 브레인라이팅 용지에 적혀져 있는 아이디어를 모두 읽어보고 아이디어를 서로 조합하거나 결합하여 최선의 아이디어를 최종대안으로 선택할 수 있다.

(다) 브레인라이팅 게시 기법(BW Post-it)

브레인라이팅을 약간 변형시킨 것이 브레인라이팅 게시기법이다. 이 기법은 진행의 흐름이 지체되지 않고 효과적이다. 요령은 여러 사람이 볼 수 있는 게시용 용지에 한 개의 아이디어를 적어서 그것을 소리 내어 말하고 사회자에게 넘긴다. 사회자는 수집한 용지를 여러 사람이 볼 수 있도록 게시해야 하며, 브레인라이팅 게시 기법의 장점은 다음과 같다.

① 아이디어 생성 흐름을 촉진시킨다.

② 집단의 열기가 높다.

③ 서로 남의 아이디어에서 힌트를 받아 새로운 아이디어를 생성
할 수 있다.

④ 게시용 용지에 적혀있기 때문에 효과적으로 돌려보고 분류하고
평가할 수 있다.

(라) PMI(Plus, Minus, Interesting)

PMI는 주의집중의 도구이다. 주의를 먼저 의도적으로 P(강점)에 집
중시키다. 그 다음으로 M(약점)에 그리고 마지막으로 그 아이디어가
가지고 있는 I(흥미로운 점)에 주목하여 생각한다.

① 먼저 강점이나 이점, 장점을 생각한다.

② 다음으로 '제한' 또는 개선이 필요한 영역 등 단점을 찾아낸다.

③ 각 대안들이 가지고 있는 '독특한 특성'을 확인한다.

(3) 창의력을 향상시키는 발문기법

질문하지 않으면 해답은 없다. 어떤 것을 새롭게 배우고 아는 것이
나 정보를 수집하고 문제를 해결할 수 있는 것은 모두 적극적인 질문
에서 비롯된다. 자기 자신에 대하여, 남들에 대하여, 그리고 과제(문
제, 장면)에 대하여 질문할 줄 알면 창의적인 사고는 크게 자극된다.

(가) 창의력을 향상시키는 질문의 특성

① 질문은 적극적이어야 하며, 또한 효과적이고 중요해야 한다.

② 목적은 '더 나은 이해', '더 나은 아이디어', '문제해결'에 있다.

③ 적극적인 질문은 적극적인 경청(active listening)을 전제해야 한다. 적극적인 경청은 상대의 말이나 생각에 대하여 관심과 호기심을 가지고 귀 기울여 깊게 이해하는 것이다. '그냥 듣기(hearing)'와는 구분 지워진다.

④ 질문에는 발산적 질문과 수렴적 질문이 두 축으로 맞물려 이루어져야 한다. 발산적 질문은 아이디어를 생성하기 위한 것이고, 수렴적 질문이란 내용(아이디어)을 이해하고 평가하기 위한 것이다. 생성해 낸 아이디어는 수렴적 사고의 대상이 된다. 그래서 이들을 평가하고 체크하여 최선의 의사결정을 내리고자 한다.

(나) 창의력을 향상시키는 질문기법

창의력을 향상시키는 질문의 유형은

① 민감한 관찰을 자극하는 질문,

② 인과관계(원인은 무엇인가?, 결과는 무엇인가?)를 위한 질문,

③ 추측(만약~A가 B로 된다면)을 위한 질문으로 나눌 수 있으며 이는 모두 상상력을 자극하는 질문이다.

이러한 질문의 측면을 미리 체크리스트로 만들어 놓고 그에 따라 다각적이고 체계적으로 새로운 아이디어를 자극할 수 있도록 사용하면 효과적이다.

다음은 발산적인 질문으로 오스본(Osborn)의 질문리스트를 바탕으로 한 에벌리(Eberle, 1971)의 SCAMPER이다.

① S(Substitute 대치시키면?): 다른 누구, 다른 무엇, 다른 재료, 다른 과정?

② C(Combine 조합하면):혼합하면? 합금? 구색을 맞추면? 단원 조합은?

③ A(Adapt 맞도록 고치면? 수정하면): 번안하면? 각색을 하면? 이
것과 비슷한 것은? 의미, 색상, 동작, 음색, 냄새, 형식을 고치면?

④ M(Modify확대, 축소): 확대, 작게, 길게, 간소화, 분리, 강하게 하면?,

⑤ P(Put to other use 타용도는?):모양, 무게, 다른 용도는? 맥락을 바
꾸면?

⑥ E(Eliminate 제거하면?): 이것을 없애버리면? 압축시키면, 가볍게
하면?

⑦ R(Rearrange-reverse 재배치, 거꾸로 하면):거꾸로 한다면? 반대로
하면? 위치를 바꾸면? 스케줄을 바꾸면? 원인과 결과를 바꾸면?

수렴적 사고를 향상시키기 위하여 활용하는 발문기법은 Jackson의
훌륭한 사고자의 도구함(The Good Thinkers Tool Kit)인 WRAITEC이다.
① What(무엇을 의미하느냐?)
② Reasons(이유나 목적은?)
③ Assumptions(핵심적인 가정은?)
④ Inferences(추리?)
⑤ Truth(진실)
⑥ Examples(보기)
⑦ Counter-examples(반대보기)

(다) 창의적 사고를 자극하는 말씨
① 창의적 사고를 자극하는 말씨
② 기분을 상하게 하는 말씨

(4) 창의력을 향상시키는 교수-학습모형

(가) 창의력 수업의 방법적 특성

① 불완전성과 개방성

첫째, 자료는 완전하지 아니하며 그래서 호기심을 가지고 탐구가 시작되게 한다. 만약 민감하기만 하면 읽고 있는 이야기, 그림, 수업내용, 활동 또는 행동장면 속에서 불완전함은(빠진 것, 일관성이 없는 것, 있으면 더 좋은 것 등) 쉽게 발견할 수 있다. 둘째, 주어진 정보 이상에서(불완전함으로) 알고 싶은 것을 질문하고 상상해보게 한다. 예상 해보기, 시각화하기 또는 현재의 수업을 하는 '이유'를 떠 올려보게 한다.

② 사용해 보고 어떤 것을 생산하기

적용하고 보기를 들며 활용 할 수 있는 곳을 찾는다. 나아가 학습한 것을 가지고 무엇을 해 보거나 만들어 본다. 예를 들어 이미지 만들기, 실험, 작문, 조각, 그림, 음악 또는 발표하기 등이다.

③ 학습자의 질문을 존중하고 응답하기

학습자의 질문을 끝까지 들어주기 - 질문에 대한 해답을 계속하여 탐구할 수 있게 응답해 준다.

(나) 창의력 수업의 학습모형

창의력을 향상시키기 위한 학습모형은 토랜스(Torrance, 1997)의 '부화식 수업모형인 예상해 보기(문제인지) → 깊이 이해하기(더 깊게 파고들기) → 현재의 내용을 넘어서기(생각 적용 및 통찰)와 한국교육개발원의 창의성 수업모형인 대안 찾기 → 아이디어 활용하기 → 사고와 감정활용 → 적용을 재결합하여 구성하여 문제인지단계(예상하기)

→ 문제해결단계(더 깊이 이해하기) → 적용단계로 구분하였다.

문제 인식 단계에서는 특히 민감한 관찰을 위한 워밍업을 해야 한다. 예를 들어 삽화를 제시할 때도 처음부터 선명하게 하기보다는 학습자들의 시선을 집중시키기 위하여 흐릿하거나 불분명하게 제시한 후에 학습들의 주의집중을 유도하면서 선명하게 초점을 맞추어 나가는 방법도 효과적이다.

이 단계에서 교사는 주로 발문을 통하여 학습자들의 사고를 유도해 내는데, 학습할 내용이나 학습주제를 교사가 일방적으로 제시하기보다는 교사가 발문으로 유도하여 학습자 스스로가 학습주제를 찾아내도록 한다.

문제 해결단계에서는 학습주제에 대하여 개별학습을 먼저 한 후 소집단 활동을 하도록 하는 것이 효과적이다. 소집단 활동은 학습자 개개인의 사고를 서로 공유할 수 있게 할 뿐 만 아니라 서로의 아이디어를 결합하거나 조합해 낼 수 있는 기회를 부여한다.

2. 창의성 프로그램의 활용 요령

a. 프로그램의 내용

본 프로그램에는 초등학교 1학년과 2학년의 전 교과를 대상으로 하여 단원별로 제시되는 다양한 학습 자료를 학습자들이 창의적 사고를 통하여 해결할 수 있도록 구성하였다.

교과로는 도덕, 국어, 사회, 수학, 과학, 체육, 음악, 미술, 영어 등 9개 교과와 특활, 재량시간용으로 나누어 집필되어 있다.

b. 프로그램의 구성

각 프로그램은 교사가 현장에서 활용하기 쉽게 하기 위하여 두 부분으로 나누어 제시하였다. 먼저 교과별 전체적인 프로그램의 목차와 내용을 간단히 소개하는 과목별 창의성 계발 프로그램과 그 목차에 따라 단원별로 구성되어 있는 학습지 형식의 학습자료를 제시하였다.

창의성 계발 프로그램에는 순서, 학년, 학기, 단원별, 프로그램 명, 각 프로그램에서 학습되어야 할 학습내용, 창의성 요소가 제시되어 있다. 순서는 자료의 순서를 말한다.

프로그램의 제시 순서는 학년, 학기, 단원의 순서로 되어 있다. 프로그램 명은 그 단원에서 학습해야할 요소를 말하며, 학습내용은 제시된 프로그램명에 대한 구체적인 학습활동이다.

예를 들어 프로그램명이 '문답창 노래 만들기'이면 이에 따른 학습활동은 '노래가사 바꾸기'와 '바꾼 가사로 노래 부르기'이다.

관련된 창의성 요소는 이 학습활동에서 기본적으로 성취되어야 할 창의성 요소를 말하며 이 부분은 이 학습지를 활용하는 교사의 재량권을 얼마든지 발휘해도 무방하다. 예를 들어 학습지 활동에는 유창성과 융통성을 기본요소로 하고 있지만, 교사가 더 심도 있게 다양한 질문을 통하여 학습자들의 정교성을 유도할 수도 있다.

학습지를 활용하는 차시는 별도로 제시하지 않았다. 교사가 학습지의 내용을 참고로 교사의 재량으로 어느 시간을 활용해도 무방하다.

그러나 체육과는 학년-학기-단원의 순이 아니라 학년-영역-단원명의 순이다. 체육과 교육과정은 학기별로 구분되어 있지 않고 영역별로 단원이 구성되어 있기 때문이다.

다음은 실제 수업에 활용할 수 있는 학습지 형태의 프로그램에 대한 안내이다. 학습자들이 학습활동이 무엇인지를 쉽게 알아볼 수 있도록 학습지의 상단에 학년, 학기, 단원을 제시하고, 가운데는 학습활동을 할 프로그램의 제목을 제시하고, 마지막으로 자신의 소속과 이름을 쓰도록 하였다.

가능한 한 학습자들의 아이디어나 생각 등을 충분히 생성해 낼 수 있도록 많은 여백을 두었다.

c. 프로그램의 활용

이 프로그램은 현장의 교사들이 손쉽게 활용할 수 있도록 하였다. 먼저 전체적인 내용을 한 권의 책으로 제시하고, 교사의 재량에 따라 학습지를 사용하기 위하여 CD로 제작하였다.

먼저 책으로 제시되어 있는 프로그램의 목차를 살펴보고

둘째, 해당 학습지 프로그램을 CD에 저장되어 있는 프로그램으로 찾아서 출력하여 사용한다.

제시된 프로그램은 최소한의 프로그램이므로 학습자들의 특성이나 학습능력을 고려하여 교사가 얼마든지 수정하거나, 첨가하거나 재조합하여 사용할 수 있다.

학습된 자료를 평가의 자료를 활용하려면 프로그램에 제시된 창의성 요소를 바탕으로 평가하면 용이하다. 예를 들어 창의성 요소가 '유창성'이라면 프로그램에서 ~에 대한 생각이 매우 유창하다. ~에 대한 생각의 수가 매우 많으므로, 매우 유창하다. ~에 대한 아이디어 생성의 가짓수가 미흡할 경우는 유창성이 다소 부족하다 등으로 해석할 수 있다.

학습지를 활용할 때 학습자에게 그냥 던져 주기보다는 교사가 학습자들이 학습활동하는 과정을 주시하다가 좀 독특한 사고를 하는 학생이나 다양하게 사고하는 학습자들이 눈에 띄면 그 작품을 다른 사람들에게 소개하여 아이디어를 공유할 수 있다. 이 때, 그 내용이 우수하다는 인식을 주어서는 안 된다. 그렇게 되면 다른 학습자들이 그것을 모방하는 것으로 만족할 우려가 있다. 단지 교사는 이렇게 생각하는 경우도 있으니깐, 다른 사람들은 좀 더 독특하게 사고할 수 있도록 유도한다. 학습속도가 빠는 학습자일 경우에는 학습지 활동을 마친 후 교사와의 대화를 통하여 좀 더 정교화 작업을 할 수 있도록 한다. 학습활동을 마친 작품을 보면서 '좀 더 있으면 좋은 게 뭘까?', '빠진 것은 없는지?', '왜 이런 생각을 했는지'등을 물어보면서 정교화 작업을 할 수 있다.

학급에서 활동이 끝났으면 매 학습지마다 할 필요는 없지만 간혹 그 학습활동에 대한 평가를 해야 한다. 평가는 교사가 독단적으로 하기보다는 학생과 상호작용을 하면서 하는 것이 효과적이다. 예를 들어 학습활동이 마친 학습지를 칠판에 전시한 후에 서로 상호간에 작품을 감상하고 가장 아이디어를 많이(유창성) 낸 작품에는 빨간색 스티커 붙여주기, 다양하게(융통성) 아이디어를 생성한 작품은 노란색 스티커, 독특한 아이디어에는 초록색, 자세하게 표현한 작품에는 검은색의 스티커를 붙여준다. 그리고 나서 누가 어느 색의 스티커를 가장 많이 받았는가가 창의성 점수로 여겨도 무방하다. 학생상호간에 할 때는 교사가 먼저 유창성, 융통성, 독창성, 정교성에 대한 판단 준거를 몇 번 정도 주지시켜야 한다.

이러한 평가는 피드백 활동도 할 수 있어 다음번에 이러한 창의력 학습활동 할 때 학습자가 평가 기준에 맞도록 사고하려고 노력하기 때문에 일거양득이기도 하다.

3. 영재교육과 아동 창의성 계발

다른 나라의 영재들은 어떻게 만들어졌을까?

"자녀가 어릴 때 가능한 한 많은 시간을 같이 보냈다."

"도서관·동물원·서점·콘서트·야구장 등 다양한 곳에 데려갔다."

"나 자신이 항상 공부하고 연장자를 존경(온유한 마음)했다."

"TV 프로그램을 미리 살펴보고 자녀와 함께 시청했다."

최근 '세계영재학회(World Council for Gifted and Talented Children)'가 미국 대통령 장학금을 받거나 명문 고교·대학에 진학한 대만 학생과 중국계 미국인 학생의 부모 103명을 대상으로 설문한 결과다. 덴모 차이 대만 까오슝대학 교수는 세계영재학회 심포지엄에서 이 같은 내용의 논문을 발표하고, "대만에서든 미국에서든 영재교육 성공의 관건은 가족의 유대감, 부단한 노력, 교사에 대한 존경심 등으로 나타났다"고 말했다.

덴모 차이 교수는 "아이들과 시간을 보냈다는 것이 항상 아이들의 행동을 통제했다는 뜻은 아니다. 오히려 내버려두고 지켜볼 때가 많았다"면서 "하지만 아이가 필요로 할 때는 반드시 곁에 있었다는 게 이들의 공통점"이라고 강조했다.

또 영재의 부모들은 아이들의 호기심을 충족하고 학습을 자극하기 위해 여러 유형의 자료와 환경을 제공하고, 놀면서 탐구할 수 있는 가정 분위기를 만들어줬다. 문화적·신체적·지적 활동을 할 수 있는 다양한 장소에 데려가는 것이 포함된다.

부모가 스스로 자녀의 '역할 모델'이 됐다는 것도 공통점이다. 부모 스스로가 열심히 독서하고 창의적인 활동을 했다. 또 위인뿐 아니라 친척이나 조상들의 성공담을 들려주는 등 아이들이 '모방'할 수 있는 직·간접적 모델을 많이 제시했다.

부모들은 또 주변의 감시나 간섭 없이도 스스로 일과처럼 공부할 수 있는 좋은 '학습 습관'을 만들어줬다. 놀기 전에 공부하기, 더 어려운 문제와 싸우기, 새로운 생각 개발하기부터 밥 제대로 먹기, 운동하고 예술 감상하기, 돈 낭비하지 않기 등이 모두 '학습 습관'에 들어간다.

이 밖에도 '자녀의 능력에 바탕을 둔 목표를 설정해 도전하게 했다' '끊임없이 격려를 해줌으로써 아이가 확신을 갖고 스스로 의사결정을 하게 만들었다' '부부끼리 교육에 대한 일관된 태도를 가졌다' '선생님을 믿고 지지했다' 등이 영재 부모들의 특징으로 나타났다.

또 세계영재학회 전 회장인 바바라 클락(Babara Clock) 캘리포니아 주립대 명예교수는 "여러 두뇌기능을 활용하는 통합교과적 활동을 시켜라."고 강조했다. 그는 "갖가지 암석을 모으고 조사하면서 지질학, 역사학, 인류학 등을 한꺼번에 학습할 수 있다."고 발표했다.

a. 지능과 영재의 창의성 계발 관계

"지능은 높은데, 공부를 못 한단 말이야." 주변에서 자주 들을 수 있는 말이다. 지능 지수가 공부를 잘 하고 못하고를 결정짓는다는 믿음을 가진 사람들이 쓰는 표현이다. 그러나 지능 지수는 공부를 설명하는 여러 요인 중의 한 요인일 뿐이다. 지능은 높은데, 바보 같은 사람, 이런 말을 듣는 사람도 적지 않다. 모두 다 지능을 능력 판단의 기준으로 받아들이기 때문에 생기는 현상들이다.

지능은 사회적 문화적인 이데올로기가 반영되어 있는 산물이다. 예를 들어 지능 검사에서 매우 중요하게 받아들여지고 있는 언어 능력은 상대방을 설득시키고, 이해시키는 일이 많을 때 그 가치를 인정받았다. 수리적 능력과 공간 능력은 영토를 확보하기 위해 전쟁을 할 때 요구되는 능력이기 때문에 지능 검사에서 중요하게 고려되었다고 한다.

지능은 산업 사회의 인간 능력을 나타내는 지표로 받아들여지면서 산업 혁명으로 촉발된 일정 시간 내에 최대의 산출, 이라는 구호의 적용을 받게 된다. 따라서 지능(知能)을 단순히 지적 능력(知的 能力)의 준말로 받아들이는 것은 잘못이다. 지적 능력이기는 하지만, 빨리 문제를 해결하는 지적 능력인 셈이다. 주어진 문제를 빨리 해결하는 능력이 지능이라면 천성적으로 느린 사람은 문제 해결 능력의 유무와는 상관없이 지능이 낮게 된다.

지능은 또 상이한 여러 능력들의 평균치이다. 언어와 수리 또는 공간 능력은 한 사람이 동시에 갖기는 쉽지 않다. 최근에 연구된 뇌기능 분화 이론에 비추어 보아도 좌뇌 기능에 해당하는 언어 능력은 우뇌 기능에 해당하는 공간 능력과 매우 다르다. 사람마다 좌뇌 기능이 뛰어난 사람이 있고, 우뇌 기능이 뛰어난 사람이 있다. 좌ㆍ우뇌 두 능력을 동시에 가지고 있는 사람은 드물다고 한다. 그런데도 지능은 이런 이질적인 능력들을 하나로 합한 다음에 평균치로 나타낸 능력이다. 여기에 더해 어떤 사람은 기존의 지능이 주로 주어진 문제를 해결하는 능력에 치중한다는 비판을 하기도 한다.

그러면 21세기 최첨단 IT 시대에는 어떤 능력이 요구되는 것일까? 주어진 문제를 해결하는 능력에 한정하지 않고 스스로 문제를 만들어 이를 끈기를 가지고 해결하는 능력이 중요하게 부각되고 있다. 사회적으로 이미 인정받은 한 두 영역의 능력만이 가치 있는 것도 아니다. 시각적인 세계를 정확하게 인지하는 공간 능력, 음악 능력, 자신의 감정을 조절하고 타인의 감정을 이해하는 감성 지능 등 매우 다양하고 인간에게 의미는 능력들이 지능의 하나로 받아들여지고 있다.

이런 것들을 보면 과거의 지능 개념이 확장되어 창의성의 세계와 만나고 있음을 알 수 있다. 이런 정보를 기초로 학자들이 주장하는 지능과 창의성의 관계를 살펴보면 다음과 같다.

지금까지 연구된 지능과 창의성의 관계에 대한 결론은 다음과 같이 내릴 수 있다. 지능이 보통인 집단은 창의성과 관계는 있으나 낮은 상관을 나타내고, 높은 지능 집단은 창의성과 거의 상관이 없는 것으로 보인다. 따라서 보통 수준의 자녀를 둔 부모들은 지능과 관계가 별로 없는 창의성에 관심을 기울어야 할 것이다.

b. 창의적인 특성 계발

창의적인 아동의 특성을 알아보려는 노력은 오랜 역사를 가지고 있다. 가장 쉽게 접근할 수 있는 방법은 아마도 창의적인 사람들의 어렸을 때 특성을 조사하는 것이다. 비교적 정확하게 창의적인 아동의 특성을 파악할 수 있지만, 제한이 없는 것은 아니다. 어려서는 창의적이지 않았지만, 자라서 창의적인 성취를 한 사람들이 적지 않기 때문이다.

이것은 창의성 검사를 통해 창의적인 아동을 판별하고, 이들의 창의적 성취 과정에서의 행동 특성을 목록으로 정리하는 방법이 등장하면서 설득력을 얻게 된다.

이런 연구를 통해 얻어진 창의적인 아동의 일반적인 특성은 다음과 같다.

(1) 질문(생각)을 많이 한다. 호기심이 강하기 때문이다.
(2) 답을 해주어도 쉽게 수긍하지 않고 반론을 제기한다. 답을 듣는 순간에또 다른 생각이 나기 때문이다.
(3) 침착하지 못한 경향이 있다. 이것저것 알고 싶은 것이 많아 마음은 바쁜데, 몸이 따라주지 않기 때문이다.
(4) 어휘력이 뛰어나다. 다양하고 기발한 어휘를 사용하는 경향이 있다.
(5) 유머 감각이 있다. 언어 변환 능력이 뛰어나기 때문이다. 하나의 대상을 특정한 방향으로 바꾸는 능력이 곧 창의적인 능력이다.
(6) 아이디어가 풍부하다. 짧은 시간 동안에 해낸 아이디어라고 믿어지지 않을 정도로 많은 아이디어를 낸다.

그러나 이런 특성을 나타내지 않았다고 해서 실망할 필요는 없다.

낚시꾼이 낚싯대를 강물에 드리우고 고기가 입질을 할 때까지 기다
리는 것처럼 아동의 행동 중에서 특이한 것이 나타나는지 주의 깊게
살피면 그 멋진 기회를 잡을 수 있다.

c. 영재 아동의 창의적인 사고

창의성(creativity)의 라틴어 어원은 크레아(Creare)이다. '무엇을 만든
다.'는 뜻이다. 그리고 희랍어 어원은 크라이네인(Krainein)인데, '무엇
을 채우다.' 라는 뜻이다. 라틴어 어원과 희랍어 어원은 서로 다른 것
을 의미하고 있다. 그러니까 창의성을 이해하는 두 가지 길이 있다는
것이다.

라틴어 어원에서 우리는 무엇을 만드는 창의성을 얻게 된다. 우리
는 항상 뭔가 새롭고 가치 있는 것을 만들고, 뭔가 더 나은 것으로 변
형시키기 위해 노력한다. 이 과정에서 상상력이 동원되는 것이다. 그
래서 많은 사람들이 창의성을 상상력이라 받아들이기도 한다.

또 다른 의미는 희랍어 어원에서 비롯된 부족한 것을 채우는 활동
이다. 한 사람이 가지고 있는 재능 중에서 아직 덜 계발된 것을 계발
시키는 활동으로 이해할 수 있을 것이며, 자아실현의 의미가 있다.

d. 영재 아동의 창의성 활동

많은 사람들은 이런 창의성을 창조성이라고 말한다. 창조성은 사
람의 사고 작용을 통해 만들어진 구체적인 산출물을 전제하고 있다.
물론 이 산출물이 새로운 것이어야 한다. 이런 창의성은 실제로 무엇
을 만들어내야 하는 산업계에서는 당연하지만, 교육 상황에서는 적절

치 않을 수도 있다. 아이들에게 새로운 생각을 하게 하는 경험을 시켜주는 것만으로도 충분할 때가 있기 때문이다.

e. 자아실현의 영재 창의성

교육자들은 이런 창의성을 추구한다. 겉으로 드러난 구체물이 없어도 창의적으로 사고하는 경험이나 사고 작용에 의미를 둔다. 교육을 하는 사람들은 이런 창의성을 받아들여야 할 것이다. 창의적으로 사고할 수밖에 없는 상황을 구성하고, 여기에 학습자들을 끌어들여 마음껏 창의적인 사고를 하게 하는 것, 이것이 한 사람 한 사람의 부족한 것을 채우는 창의성 교육 활동인 것이다.

창의적인 사고를 경험할 수 있게 해주는 활동의 예로는 다음과 같은 창의성의 요인에 기초한 활동을 들 수 있다.

(1) 민감성 활동 - 주변의 상황 변화를 재빠르게 파악하게 해주는 활동이다. 상식적이지 않은 것을 금방 집어내거나, 미세한 변화를 포착하는 활동 자료를 이용해 자극할 수 있다. 한 여름 해수욕장 그림에 눈사람이 서있는 것을 금방 알아차리거나 동일한 장면에 조그만 변화를 주고 이를 포착하는 것이다.
(2) 유창성 활동 - 가능하면 많은 아이디어를 산출하는 활동이다. 아이디어의 질과는 무관하게 많은 양의 아이디어를 내는데 중점이 있다. 주어진 상황에서 조건 없이 많은 아이디어를 내게 하는 활동 자료를 이용해 자극할 수 있다.

(3) 융통성 활동 – 가능하면 다양한 아이디어를 산출하게 하는 활동
이다. 특정한 문제 상황에서 낸 아이디어의 수가 아무리 많다고
해도 종류가 다양하지 못하면 융통성이 없다고 판단한다. 서로
다른 아이디어를 내게 하는 활동 자료를 이용해 자극할 수 있다.

(4) 독창성 활동 – 독특하고 희귀한 아이디어를 산출하게 하는 활동
이다. 기발하고 지금까지와는 다른 아이디어를 산출하게 하는
활동 자료를 이용해 자극할 수 있다.

(5) 정교성 활동 – 창의성 교육 상황에서는 상상 활동이 많기 때문
에 터무니 없는 아이디어가 주종을 이루기 쉽다. 따라서 산출된
아이디어를 실현 가능성이나 현실과 관련된 기준에 더해 구체
화시키고, 다듬는 활동을 통해 자극할 수 있다.

온갖 대중 매체에서는 창의성이라는 말을 반복적으로 쏟아내고 있
다. 오늘 배달된 신문에서도 창의성이라는 말을 찾을 수 있다. 왜 그
럴까? 답은 간단하다. 창의성의 시대이기 때문이다. 창의성의 시대를
살아가려면 우리는 창의성을 알아야 하고 아동들에게 개인 특성에
따른 다양한 교육 활동으로 전개 되어야 한다.

헨리 워튼(H. Wotton)이라는 영국 사람은 외교관을 "국가를 위하여
해외에서 거짓말을 하기 위해 파견된 가장 정직한 인물"이라고 했다.
외교관이 어떤 일을 하는 사람인지 궁금했던 사람들도 이 정의를 보
고 깜짝 놀랐을 것이다. 어떤 개념을 정의한다는 것은 그 정의만으로
도 그 개념을 금방 알아볼 수 있도록 하는 것이다.

f. 영재 창의성 지도 사례

"기압계를 가지고 건물 높이를 재는 방법은 어떤 것들이 있을까?"
라는 문제를 예로 들어 보면 다음과 같다.

미국의 명문 시카고 대학교에서 오래 전에 냈던 물리학개론 시험
이였는 데, 어떤 학생이 시험지 뒷면에 다음과 같은 답을 썼다.

첫째, 건물 아래에 스톱워치를 든 친구를 두고 자기는 건물 꼭대기
로 올라가 손수건을 흔듦과 동시에 기압계를 땅으로 떨어뜨
린다. 기압계가 땅에 떨어지기까지 걸리는 시간을 재면 건물
의 높이를 알 수 있다.

둘째, 기압계의 길이를 재고 나서 건물의 높이가 기압계 길이의 몇
배인지를 계산하면 건물의 높이를 알 수 있다.

셋째, 건물 꼭대기에 올라가 줄에 기압계를 매달아 땅으로 내려뜨
린 다음 줄이 땅에 닿으면 그 줄의 길이를 재면 된다.

넷째, 건물 관리실에 들어가 관리인에게 건물 높이를 가르쳐주면
기압계를 주겠다고 말하여 건물 높이를 알아낸다.

교수가 요구한 정답은 건물 바닥에서의 기압과 건물 꼭대기의 기
압의 차이를 이용한 공식으로 건물 높이를 산출하는 것이다. 그러니
까 이 학생의 답은 틀린 것이다. 그러나 문제를 출제한 교수는 높은
점수를 주었다고 한다.

이 학생은 문제 상황에서 기압계가 가지고 있는 다양한 특성을 활용하는 능력이 있기 때문이라는 것이다. 먼저 기압계를 떨어뜨리거나 줄에 매다는 해결책에서 보면 기압계의 무게에 주목하고 있음을 알 수 있다. 기압계가 가지고 있는 물리적 특성인 길이를 활용하기도 한다. 물론 기압계의 금전적 가치를 활용하기도 한다.

정해진 답이 하나라는 것에 머무르지 않고 다양한 아이디어를 찾는 것이 창의성이다. 과학 시험이기 때문에 당연히 기압의 차를 이용해서 문제를 해결해야 한다고 굳게 믿는 사람이라면 이 학생의 문제 풀이 행위는 그저 낙서에 불과할 것이다. 의미 없는 행위일 뿐이라는 것이다. 그렇지만, 학교에서 심혈을 기울이는 창의성 교육이 무엇인지를 심각하게 생각하는 교사라면 다를 것이다.

정보화 사회에서는 단 하나의 정답만이 인정되는 것이 아니다. 하나의 문제에 대해서도 다양한 해답이 존재한다는 사고를 가져야 한다. 다양한 해답이 존재하는 문제를 하나의 정답밖에 없다고 믿고 행동하게 만드는 교육은 시대에 뒤떨어진 방식일 뿐이다.

창의성은 하나의 사물이나 상황이 가진 다양한 속성을 받아들이는 태도와 능력이다. 그리고 창의성 교육은 이런 상황에 자기 스스로를 개척하는 학습자를 양성하는 교육이다.

인간 행위의 기본이 창의성이라면 이는 필경 왜 그런가 하는 이유를 제시해야 할 것이다. 인간과 동물의 차이점을 보면, 인간은 언어를 가지고 있다는 사람들이 있다. 그런데 동물도 언어가 있다. 인간은 사고력을 가지고 있다는 사람도 있다. 동물도 사고력이 있다. 본능으로

만 설명되기 어려운 사고의 특성을 가지고 움직이는 동물들을 보면
이 주장도 설득력이 없어 보인다.

소크라테스(Socrates)는 "인간은 두발을 가진 털 없는 동물"이라고
했다. 이 또한 털을 뽑힌 닭과 차별화되지 않는다. 인간이 인간다운
것은 의도적인 반칙을 할 수 있기 때문이라고 말한다. 의도적인 반칙
이라 함은 지금까지 해오던 대로 하거나 본능적으로 반응하는 것과
매우 다르다. 늘 해오던 대로 하다가 어느 날 갑자기 그만 둘 수도 있
다. 그 이유는 자기가 그렇게 하고 싶기 때문이라고 말한다. 이런 특
성을 가진 존재가 바로 인간이다. 바로 이런 의도적인 반칙의 특성
때문에 사람은 수많은 도구와 사상을 만들어 내게 된다.

그런데 사람이 창의성을 가지고 있어야 할 이유는 또 있다. 시대의
중심 키워드가 창의성이기 때문에 창의성을 가져야 한다는 것이다.
이 시대에 제대로 살아가려면 다양한 창의성을 갖추어야 한다.

E. 선행 연구의 고찰

아동의 영재성교육 특성화를 위한 선행 연구의 고찰 내용은 다음
과 같다.

동천초등학교(1994)는 '흥미 유발 자료의 개발·활용을 통한 탐구
능력 신장'에서 첫째, 흥미 유발 자료 개발 활용으로 교과서에 제시
된 자료만이 아동에게 다양한 사고능력 배양의 자료로 보는 종래의

교사의 인식이 변화되었고 새로운 교재관이 정립되었다. 둘째, 흥미 유발 자료 활용으로 아동의 학습 문제에 대한 호기심과 학습의 내적인 동기가 유발되고 탐구활동이 진지해졌으며 과학에 대한 흥미 및 과학적 태도, 탐구능력 변화에 긍정적인 변화를 보였다. 셋째, 탐구요소별 학습훈련 및 탐구 기초기능 지도를 통하여 탐구활동에 자신을 갖게 되어 학습활동의 참여도가 높아졌다. 넷째, 흥미 유발 자료 활용을 위한 교수-학습 지도안 구안 작성으로 자기 수업력이 향상되었고 비탐구적 실험 활동이 지양되어 아동의 탐구 능력 향상에 영향을 끼친 것으로 나타났다. 다섯째, 자율 탐구활동의 기회 확대로 아동의 개개인의 실험, 관찰활동에 흥미를 일깨 울 수 있게 하였고, 탐구 행동을 하는 즐거움을 느끼게 하는데 도움을 준 것으로 나타났다.

윤병남(2003)은 '효율적인 영재교육 운영을 위한 기본 방향과 과제'에서 영재교육의 문제점으로 계속적으로 지적되는 점 중의 하나가 영재교육 담당 교사의 전문성이 미흡하다고 지적하고, 개선방안으로 첫째, 영재교육 담당교원 연수과정이 체계적이고도 지속적으로 이루어져야 한다. 둘째, 영재교육 담당 교원으로 전문가를 임용하는 제도적 장치가 필요하다. 셋째, 대학, 대학원에 영재교육 담당 교원 양성과정이 개설되어야 한다고 연구하였다.

최종오(2004)는 '언어 영재를 위한 창의적 심화학습 프로그램 개발 및 효과 검증'이라는 연구에 참여한 언어 영재 학생은 총 60명인데, 이 중에서 예비 연구에 참여한 30명은 창의적 심화학습 프로그램과 언어 문제해결력 검사의 양호도를 평가하기 위한 대상이었다. 본 연구에서는 실험집단 30명을 10명씩 세 집단으로 나누어 각 집단에 창의적 심화학습 프로그램, 한국교육개발원 교재, 교과서 심화학습 프로그램에 배정하여 프로그램간의 언어 창의적 문제해결력 향상의 정도에 있어서 차이가 유의한지를 검증하였다.

자료 분석은 반복측정 변량분석을 통해 처리하였는데 연구결과를 요약하면 다음과 같다. 첫째, 언어 영재를 위한 창의적 심화학습 프로그램은 언어 창의적 문제해결력 향상에 효과적이었다. 영역별로 살펴보면, 읽기와 쓰기에는 효과가 있었지만, 말하기에는 효과가 없는 것으로 나타났다. 둘째, 언어 영재를 위한 창의적 심화학습 프로그램에서 읽기의 하위 영역들 가운데, 사실적 이해와 상상적 이해는 향상이 없었고, 추론적·비판적 이해만이 유의한 향상이 있었다. 셋째, 말하기 영역에서는 논리적 표현이나 독창적 표현 모두 언어 창의적 문제해결력을 향상시키지 못한 것으로 나타났다. 넷째, 쓰기 영역에서는 논리적 표현에는 효과적이었으나 독창적 표현에는 효과가 없는 것으로 나타났다.

송수지(2005)는 '미성취 영재의 특성 분석 및 개입전략 효과'에서 성취 영재와 미성취 영재의 특성(개인적 특성, 가정, 학교)의 차이를 분석한 결과 첫째, 개인적 특성에서는 미성취 영재가 성취 영재보다 총체적 자아개념, 학문적 자아개념, 내외통제, 학습습관 점수가 낮게 나타났다. 둘째, 가정요인에서는 미성취 영재가 성취영재보다 사회경제적 지위가 낮았고, 부모양육행동에 있어서도 차이가 나타났다. 셋째, 학교요인에서는 미성취 영재가 성취 영재보다 학교에 대한 태도, 교사에 대한 태도, 교우에 대한 태도가 부정적인 것으로 나타났다. 미성취 영재와 성취영재를 판별 분석한 결과 첫째, 총체적 자아개념, 학문적 자아개념, 내외통제, 지구력, 학습전략, 학습동기 등의 개인적 특성 중 영재의 성취에 가장 큰 영향을 미치는 것은 학습동기이며 그 다음이 학습전략이었다. 둘째, 사회경제적 지위와 부모의 양육행동 중 합리적 지도, 애정, 권위주의적 통제, 성취, 적극적 참여, 일관성 있는 규제 등의 가정요인 중 영재의 성취에 가장 큰 영향을 미치는 요인은 적극적 참여였다. 셋째, 학업에 대한 태도, 교우에 대한 태도, 교사에 대한 태도 등의 학교 요인 중 영재의 성취에 가장 큰 영향을 미치는 요인은 학업에 대한 태도였다고 보고하였다.

권치순(2006)은 '과학 영재교육 프로그램의 개발과 적용'에서 과학 영재의 특성과 영재 교육과정의 구성 원리 그리고 영재 교육기관에서 지향하는 영재교육의 철학과 목표가 분명히 구현될 수 있도록 설계되어야 한다고 하였다. 일반적으로 교육과정이 개발되면 그 목표와 내용을 구체적으로 구현하기 위하여 교과서, 교사용 지도서, 교수-학습 자료를 포함한 교재, 즉 교육 프로그램을 차례로 개발하여야 한다고 강조하였다.

이경화(2006)는 '언어 영재교육 프로그램의 개발과 적용'에서 인간의 언어 사용은 말하기 · 듣기 · 읽기 · 쓰기의 네 가지 활동으로 나타나는데, 이 네 가지 언어활동은 그 자체가 지식과 정보를 생산해 내는 순수한 창의적 사고며, 학습의 도구이고, 사회적 행위 및 의사소통 행위로 사회생활의 매개며, 정서함양의 핵심이라고 하였다. 그런데 영재들은 전형적으로 언어와 그들의 세상을 이해하기 위해 잠재적으로 비밀을 밝힐 수 있는 상징 체계를 좋아하며, 조기 언어 획득은 영재성의 특징이므로 영재들은 조기에 언어가 높은 수준으로 발달된다고 연구하였다.

<표 2> 선행 연구의 제목 및 연구내용

연구자	연구 내용	주 제
동천초등 (1994) 교육부 연구학교	·흥미 유발 자료 개발 활용 ·아동의 탐구에 대한 호기심과 내적인 동기 유발 ·탐구요소별 학습훈련 및 탐구 기초기능 지도 ·아동의 자율적인 탐구 능력 향상 ·탐구 행동을 하는 즐거움을 느끼게 하는데 도움을 줌	흥미 유발 자료의 개발·활용을 통한 탐구능력 신장
윤병남 (2003) 교육논문	·영재교육 영역 및 대상 학년·학생 수 ·영재교육 담당 교사 선정 및 연수 ·학부모 연수 및 교육 여건 확산 ·영재교육 대상자의 선정 및 집단 운영 방법	효율적인 영재교육 운영을 위한 기본 방향과 과제
최종오 (2004) 박사논문	·현행 언어 영재 프로그램 ·현행 언어 영재 프로그램의 문제점 ·언어 영재 프로그램의 성격과 개발 방향 ·언어 영재 프로그램의 모형 및 내용 ·언어 영재 프로그램의 운영 ·언어 영재 프로그램의 평가	언어 영재를 위한 창의적 심화학습 프로그램 개발 및 효과 검증
송수지 (2005) 박사논문	·미성취 영재의 특성을 개인적 요인 분석 ·환경적 요인인 가정, 학교요인으로 나누어 분석 ·문헌고찰과 분석한 미성취 영재의 특성 ·미성취 영재를 위한 개입전략 프로그램을 개발 ·개발한 프로그램의 효과를 분석	미성취 영재의 특성 분석 및 개입전략 효과
권치순 (2006) 연구보고서	·과학 영재 교육과정의 의미와 성격 ·과학 영재 교육과정의 개발 및 실제 ·과학 영재 교육 프로그램의 개발 및 적용 ·영재 교육 프로그램 개발의 이론적 모형	과학 영재교육 프로그램의 개발과 적용
이경화 (2006) 연구보고서	·언어영재와 영재를 위한 언어교육 ·영재를 위한 읽기 및 언어교육 프로그램의 개발 ·언어 영재교육 프로그램 개발을 위한 고려점 ·언어영재 프로그램 개발 방향	언어 영재교육 프로그램의 개발과 적용

위의 선행 연구를 분석한 결과 다양한 프로그램을 적용함으로써 능동적으로 영재성이 향상되었다고 하였고, 실제적인 상황이 주어질

때 아동들의 흥미와 참여도가 높았다고 하였다.

본 연구에서는 언어와 탐구적인 행동을 중심으로 영재교육 자료를 활용하여 다양한 영재성 사고 훈련을 쌓게 하고, 한 단계 발전된 영재성 계발 교수-학습 모형에 근거한 자료를 구안하며, 초등학교 저학년 영재 교육 활동에 적용하였으며, 연구에 도움을 주는 시사점은 다음과 같다.

첫째, 아동들 사이에 나타나는 능력 수준과 관심 분야는 매우 다양하게 나타났다. 따라서 아동들에게 잠재되어 있는 영재성을 최대한 계발하고 신장시키고 관심 분야에 부응할 수 있는 다양한 프로그램이 제공되어야 한다.

둘째, 영재교육 자료가 부족하여 지도교사들이 영재 개개인의 특성에 적절하도록 재구성하고, 지도에 필요한 보충 자료를 준비하는데 부담이 있다.

셋째, 영재성 향상 프로그램이 진행됨에 따라 능력의 차이(속도)가 매우 심하게 나타나고 있는데, 이러한 상황에 대처할 수 있도록 만들어진 교수-학습 자료가 부족하고, 아울러 이들을 적절하게 지도할 수 있는 교사의 지도 능력 함양의 필요성이 절실하다.

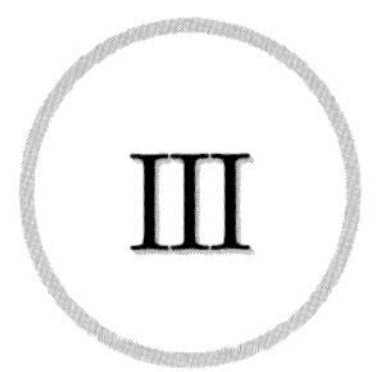

연구의 방법 및 절차

A. 연구의 방법

본 연구는 현장 조사 연구의 방법이 적용되었다. 구체적으로는 질문지법을 사용하였으며, J도의 초등학교에서 실시한 아동 영재성 교육 활동으로 저학년 담임교사 488명(학생 9,780명)이 영재성 향상 프로그램을 재량활동 시간과 아침 자습시간에 활용하였고, 학부모 501명이 3월과 10월에 자녀의 영재성 변화에 대하여 설문에 응답해 주었다.

<표 3> 연구 대상 및 설문 응답자

(단위: 명)

집단 분류	대상학교	학년	남	여	계	
연구대상	초등학교	1	2,559	2,205	4,764	9,780
		2	2,713	2,303	5,016	
설문대상	초등교사	1, 2	167	321	488	989
	학부모	1, 2	48	453	501	

B. 조사 도구

본 연구의 조사도구는 천안 서초등학교가 제작한 영재성 향상 프로그램을 기초로 하여 작성하였다. 교사와 학부모를 대상으로 각각 학습,동기,창의력,지도력,예술,유머행동등 6개 영재성 영역별로 10개 문항씩 총 60개의 설문지를 작성하였다. 설문지의 척도는 렌쥴리(Renzulli)와 하트만(Hartman)의 척도를 중심으로 재구성한 것이다.

영역별 구성요소는 <표 4>와 같다.

<표 4> 영재성 구성 요소

순	주제		영재성 구성 요소									합계
			민감성	상상력	유창성	융통성	정교성	독창성	리더십	유머	계	
1	언어 영역	I	3	9	3	8	6	6	3	4	42	120
		II	6	9	5	7	4	4	2	2	39	
		III	3	6	8	9	5	3	3	2	39	
2	수리 · 탐구 영역	I	2	5	7	6	5	7	4	2	38	114
		II	6	7	4	5	9	5	1	1	38	
		III	4	3	9	5	10	5	1	1	38	
3	탐구행동 영역	I	3	9	3	11	4	8	0	0	38	115
		II	4	9	2	7	9	6	1	1	39	
		III	5	6	7	8	6	4	1	1	38	
4	미술 영역	I	1	10	5	6	5	7	1	2	37	115
		II	4	8	7	7	6	5	1	1	39	
		III	3	6	5	9	4	7	4	1	39	
5	신체 · 표현 영역	I	8	6	4	7	3	6	3	2	39	114
		II	4	5	6	5	5	4	5	2	36	
		III	7	7	2	8	7	3	3	1	38	
계			63	105	77	108	88	80	33	23		577

I : 下수준, II : 中수준, III : 上수준
출처 : 국제영재교육연구회(2006 : 16)

C. 자료의 처리

본 연구를 위해 수집된 모든 자료는 WINDOWS용 SPSSWIN. 12.0 프로그램을 운용하여, 기술통계량(E)의 빈도분석(F), 평균비교(M)의 일표본 T검증(S), 비모수 검정(N)의 X^2 검증 등의 통계적 방법을 사용하여 처리하였다.

연구 결과의 분석 및 해석

A. 영재성에 대한 교사와 학부모 간 인식 비교

[가설 1] 아동의 영재성에 대한 교사와 학부모의 인식은 비슷한 수
준이어서 평가와 설문에 대한 동질 집단으로 간주할 수
있을 것이다.

영재성 향상 프로그램을 일정 기간 적용하기 전에 교사와 학부모
의 아동의 언어와 탐구영역에 대한 인식은 차이가 없을 것이라는 영
가설의 검증을 위하여 두 집단의 영재성 영역별 검사 점수를 비교하
고, 사전에 실시한 영재성 검사 점수의 집단에 따라 그 인식의 정도
가 다른가의 여부를 확인했다.

교사는 가르치는 대상인 아동의 영재성을 어떻게 평가하고 있을
까? 또 부모는 자녀의 영재성을 어떻게 관찰하고, 어느 분야에 관심
을 갖고 집중적으로 육성하려는 것일까? 의문을 갖고 설문을 통하여

사전 검사를 실시하게 되었으며, 각 특성별 10문항의 설문을 렌쥴리 (Renzulli) 와 하트만(Hartman)의 척도를 중심으로 재구성하였다.

교사와 학부모 집단 간 아동의 영재성 인식에 대한 차이를 위한 출발점 능력의 비교에서 영재성 영역별인 학습의 특성, 동기적 특성, 창의적 특성, 리더십 특성, 예술적 특성, 유머 및 행동의 특성 점수에 차이가 있는지를 검증한 결과는 다음과 같다.

1. 아동학습의 특성에 관한 교사와 학부모 인식의 사전검사 결과

교사와 학부모 집단이 갖고 있는 아동 영재성의 학습의 특성에 대한 인식의 사전검사 결과는 다음과 같다.

〈표 5〉 아동 영재성의 학습의 특성에 대한 교사 · 학부모의 인식

설문	집단	평균 (M)	표준편차 (SD)	적합도 검증 X^2	차이의 95% 신뢰구간		두 모집단 평균 차이 검증(t)
					하한	상한	
어휘력	교사	1.78	.679	90.250	1.72	1.84	56.849
	학부모	1.76	.704	73.018	1.70	1.82	
정보 저장	교사	1.79	.591	197.180	1.73	1.84	64.025
	학부모	1.70	.623	148.059	1.65	1.76	
빠른 이해	교사	1.85	.594	203.193	1.80	1.90	68.151
	학부모	1.81	.599	193.725	1.76	1.86	
빠른 통찰	교사	1.78	.657	358.475	1.72	1.84	61.502
	학부모	1.74	.615	416.916	1.68	1.79	
올바른 일반화	교사	1.93	.587	533.750	1.88	1.98	74.090
	학부모	1.94	.575	552.038	1.89	1.99	
다양한 관찰력	교사	1.74	.620	151.111	1.69	1.80	64.663
	학부모	1.68	.560	220.563	1.63	1.73	
다양한 독서력	교사	1.93	.553	283.602	1.88	1.98	77.232
	학부모	1.89	.547	293.976	1.84	1.94	

설문	집단	평균 (M)	표준편차 (SD)	적합도 검증 X^2	차이의 **95%** 신뢰구간		두 모집단 평균 차이 검증(t)
					하한	상한	
논리적 사고력	교사	1.89	.654	123.262	1.83	1.95	65.968
	학부모	1.84	.606	189.269	1.79	1.90	
고난도 독서력	교사	1.68	.626	140.770	1.62	1.73	58.391
	학부모	1.57	.611	165.281	1.52	1.63	
호기심 대화	교사	1.75	.729	284.623	1.69	1.82	53.543
	학부모	1.67	.694	347.120	1.61	1.73	
전체 평균	교사	**1.81**	.620	248.31	1.73	1.84	64.44
	학부모	**1.76**					

* $p<.05$

<표 5>의 아동 영재성의 학습 특성에 대한 사전검사 결과에서 또한 교사 집단의 전체 평균(1.81)은 학부모 집단의 전체 평균(1.76)보다 평균이 약간 높게 나타나 있다. 연구 전 집단간에 차이(0.05)가 아주 근소하며 집단간 평균차이 검증을 한 결과도 유의수준 5% 수준에서 통계적으로 차이가 없는 것으로 나타났으므로 두 집단이 인식하고 있는 아동 영재성의 학습의 특성 출발점은 같다고 볼 수 있다.

두 모집단 평균 차이 검증(t)을 살펴보면, 어휘력(56.849), 올바른 일반화 (64.025)등의 변인에서 통계적으로 적합한 결과로 나타났다. 즉 실험 적용 이전의 두 집단의 학습의 특성 인식은 비슷한 수준이어서 동질 집단으로 볼 수 있다.

2. 아동의 동기적 특성에 관한 교사와 학부모의 인식의 사전검사

교사와 학부모 집단간의 아동 영재성의 동기적 특성에 대한 인식의 사전검사 결과는 다음과 같다.

〈표 6〉 아동 영재성의 동기적 특성에 대한 교사·학부모의 인식

설문	집단	평균 (M)	표준편차 (SD)	적합도 검증 X^2	차이의 **95%** 신뢰구간		두 모집단 평균 차이 검증(t)
					하한	상한	
열중몰두 인내끈기	교사	2.09	.707	247.951	2.03	2.16	59.098
	학부모	1.91	.808	382.762	1.84	1.98	
창의적 활동	교사	2.22	.689	312.197	2.16	2.28	59.581
	학부모	2.00	.993	330.068	1.92	2.08	
외적동기 불필요	교사	2.26	.800	228.541	2.19	2.33	57.025
	학부모	2.06	.892	413.082	1.98	2.14	
완전을 위한 최선	교사	2.08	.783	250.082	2.01	2.15	53.739
	학부모	1.97	.906	491.405	1.89	2.05	
독자적 과업선호	교사	2.15	.712	316.098	2.09	2.21	61.334
	학부모	2.08	.833	595.697	2.01	2.15	
성인문제 관심	교사	2.11	.714	308.115	2.04	2.17	56.882
	학부모	1.93	.890	435.697	1.85	2.01	
자신신념 완강	교사	2.17	.700	327.623	2.11	2.23	62.557
	학부모	2.04	.804	532.962	1.97	2.11	
환경조직 구조화	교사	2.17	.771	222.541	2.10	2.23	58.597
	학부모	2.05	.834	472.503	1.98	2.13	
주변사물 평가판단	교사	2.04	.763	205.656	1.97	2.10	52.885
	학부모	1.84	.882	375.457	1.76	1.92	
강한 과제집착력	교사	2.15	.861	166.098	2.07	2.22	52.449
	학부모	1.92	.861	485.717	1.84	1.99	
전체평균	교사	2.14	.810	355.01	1.99	2.13	57.41
	학부모	1.98					

* p<.05

〈표 6〉의 아동 영재성의 동기적 특성에 대한 사전검사 결과 교사 집단의 설문별 인식점수의 전체 평균(2.14)도 학부모 집단의 경우 (1.98)보다 평균이 약간 높게 나타나 있다. 연구 전 집단간에 차이 (0.16)가 아주 근소하며 집단간 평균차이 검증을 한 결과도 5% 유의 수준에서 통계적으로 차이가 없는 것으로 나타났다. 따라서 두 집단

의 동기적 특성 출발점 또한 같다고 볼 수 있다.

두 모집단 평균 차이 검증(t)을 살펴보면, 열중하면서 끈기(59.098), 창의적 활동(59.581)등의 변인에서 통계적으로 적합한 결과로 나타났다. 즉 실험 적용 이전의 두 집난이 깆고 있는 영재성의 동기적 특성에 대한 인식은 비슷한 수준이어서 동질 집단으로 간주할 수 있다.

3. 아동의 창의적 특성에 관한 교사와 학부모의 인식의 사전검사

아동 영재성의 창의적 특성에 대한 교사와 학부모 집단의 인식 사전검사 결과는 다음과 같다.

〈표 7〉 아동 영재성의 창의적 특성에 대한 교사 · 학부모의 인식

설문	집단	평균 (M)	표준편차 (SD)	적합도 검증 X^2	차이의 95% 신뢰구간 하한	차이의 95% 신뢰구간 상한	두 모집단 평균 차이 검증(t)
끊임없는 질문	교사	2.19	.696	74.082	2.13	2.25	73.950
	학부모	2.37	.677	307.888	2.31	2.43	
현명한 대답 제시	교사	2.23	.601	180.422	2.17	2.28	84.556
	학부모	2.36	.605	396.653	2.30	2.41	
자유로운 의견표현	교사	2.11	.660	327.410	2.05	2.17	67.195
	학부모	2.29	.803	213.196	2.21	2.36	
모험 도전 사색 선호	교사	2.09	.741	228.148	2.03	2.16	66.491
	학부모	2.43	.770	247.415	2.36	2.50	
지적 유희 공상 선호	교사	2.04	.620	461.984	1.98	2.09	73.789
	학부모	2.13	.634	748.910	2.07	2.18	
예리한 유머 감각	교사	2.12	.651	336.902	2.06	2.17	72.337
	학부모	2.23	.686	306.800	2.17	2.29	
정서적 감상 표출	교사	2.03	.620	174.705	1.98	2.09	75.247
	학부모	2.30	.658	479.782	2.24	2.35	
정서적 감상 표출	교사	2.03	.620	174.705	1.98	2.09	75.247
	학부모	2.30	.658	479.782	2.24	2.35	

설문	집단	평균 (M)	표준편차 (SD)	적합도 검증 X^2	차이의 **95%** 신뢰구간		두 모집단 평균 차이 검증(t)
					하한	상한	
정서적 감상 표출	교사	2.03	.620	174.705	1.98	2.09	75.247
	학부모	2.30	.658	479.782	2.24	2.35	
사물의 심미적특성	교사	1.99	.738	216.279	1.92	2.05	61.495
	학부모	2.36	.831	200.629	2.28	2.43	
무질서수용 개인선호	교사	2.08	.733	218.180	2.02	2.15	63.483
	학부모	2.23	.779	194.034	2.16	2.30	
건설적인 비판	교사	2.16	.752	217.721	2.09	2.23	66.954
	학부모	2.23	.709	280.693	2.17	2.29	
전체평균	교사	2.29	.700	290.59	2.13	2.26	70.55
	학부모	2.10					

* p〈.05

<표 7>의 아동 영재성의 창의적 특성에 대한 사전검사 결과에서 또한 교사 집단의 인식점수 전체 평균 (2.29)가 학부모 집단의 경우 (2.10)보다 약간 높게 나타나 있다. 집단간에 차이(0.19)가 아주 근소하며 집단간 평균차이 검증도 5% 유의수준에서 차이가 없는 것으로 나타났으므로 두 집단의 아동의 창의적 특성 에 대한 인식의 출발점은 같다고 볼 수 있다.

두 모집단 평균 차이 검증(t)을 살펴보면, 끊임없는 질문(73.950), 현명한 대답 제시(84.556)등의 변인에서 통계적으로 적합한 결과로 나타났다. 즉 실험 적용 이전의 두 집단이 갖고 있는 아동의 영재성의 창의적 특성에 대한 인식은 비슷한 수준이어서 동질 집단으로 보여진다.

4. 아동의 리더십 특성에 관한 교사와 학부모의 인식의 사전검사

아동 영재성의 리더십 특성에 대한 교사와 학부모 집단의 인식 사전검사 결과는 다음과 같다.

〈표 8〉 아동 영재성의 리더십 특성에 대한 교사 · 학부모의 인식

설문	집단	평균 (M)	표준편차 (SD)	적합도 검증 X^2	차이의 **95%** 신뢰구간		두 모집단 평균 차이 검증(t)
					하한	상한	
책임감 약속이행	교사	1.98	.723	46.341	1.92	2.05	61.424
	학부모	2.09	.750	207.280	2.02	2.16	
자신만만 욕구만족	교사	2.10	.616	176.574	2.05	2.16	75.454
	학부모	2.20	.653	120.970	2.15	2.26	
협조적 동료선호	교사	2.00	.610	192.102	1.95	2.06	69.863
	학부모	1.95	.651	133.090	1.90	2.01	
언쟁회피 동료의식	교사	1.85	.665	351.066	1.79	1.91	64.185
	학부모	1.85	.618	414.872	1.79	1.90	
유창한 언어 능력	교사	2.03	.609	479.131	1.98	2.08	77.139
	학부모	2.08	.578	515.711	2.03	2.13	
사고행동 융통성	교사	2.00	.634	154.258	1.95	2.06	67.434
	학부모	2.02	.694	286.186	1.96	2.08	
사교적인 타인동행	교사	2.05	.569	257.045	2.00	2.10	88.292
	학부모	2.17	.502	357.234	2.13	2.22	
동료의식 지배경향	교사	2.04	.673	101.488	1.98	2.10	72.507
	학부모	2.13	.611	186.192	2.08	2.18	
아이디어 제공	교사	1.87	.693	76.627	1.81	1.93	56.897
	학부모	1.88	.775	193.076	1.81	1.94	
체육활동 지도력	교사	2.01	.773	201.361	1.95	2.08	60.442
	학부모	2.00	.707	270.218	1.94	2.06	
전체평균	교사	**2.03**	.660	236.04	1.96	2.07	69.360
	학부모	**1.99**					

* p<.05

<표 8>의 아동 영재성의 리더십 특성에 대한 사전검사는 교사 집단의 설문별 인식점수 전체 평균(2.03)이 학부모 집단의 경우(1.99)보다 평균이 약간 높게 나타나 있다. 연구 전 집단간에 차이(0.04)가 아주 근소하며 집단간 평균차이 검증을 한 결과도 5% 유의수준에서 통계적으로 차이가 없는 것으로 나타났다. 따라서 두 집단의 리더십 특성 출발점은 같다고 볼 수 있다.

두 모집단 평균 차이 검증(t)을 책임감과 약속 이행(61.424), 자신 만만하고 욕구에 만족(75.454)등의 변인에서 통계적으로 적합한 결과로 나타났다. 즉 실험 적용 이전의 두 집단의 아동의 영재성의 리더십 특성에 대한 인식은 비슷한 수준이어서 동질 집단으로 생각할 수 있다.

5. 아동의 예술적 특성에 관한 교사와 학부모의 인식의 사전검사

아동 영재성의 예술적 특성에 대한 교사와 학부모 집단의 인식 사전검사 결과는 다음과 같다.

<표 9> 아동 영재성의 예술적 특성에 대한 교사·학부모의 인식

설문	집단	평균 (M)	표준편차 (SD)	적합도 검증 X2	차이의 95% 신뢰구간		두 모집단 평균 차이 검증(t)
					하한	상한	
아이디어 시각표현	교사	1.81	.703	67.824	1.75	1.87	66.970
	학부모	2.34	.678	303.184	2.28	2.40	
예술작품 내용변화	교사	1.82	.609	178.209	1.77	1.88	75.824
	학부모	2.32	.607	164.563	2.26	2.37	
독창적인 해결책	교사	1.85	.620	166.675	1.80	1.91	65.051
	학부모	2.03	.709	60.982	1.97	2.09	
연구과제 작도설명	교사	1.77	.649	354.427	1.72	1.83	64.592
	학부모	2.14	.696	273.251	2.08	2.20	

설문	집단	평균 (M)	표준편차 (SD)	적합도 검증 X2	차이의 **95%** 신뢰구간		두 모집단 평균 차이 검증(t)
					하한	상한	
여러가지 기법활용	교사	1.94	.594	493.209	1.89	2.00	73.708
	학부모	2.04	.607	727.433	1.98	2.09	
예술매체 선택경향	교사	1.78	.606	175.963	1.73	1.84	68.001
	학부모	2.15	.680	297.220	2.09	2.21	
신기로운 관찰력	교사	1.91	.562	265.669	1.86	1.96	77.473
	학부모	2.09	.588	228.012	2.04	2.15	
아이디어 특이생산	교사	1.88	.672	100.160	1.82	1.94	62.656
	학부모	2.02	.713	57.677	1.95	2.08	
창작물 재생산	교사	1.67	.639	129.313	1.62	1.73	59.898
	학부모	2.14	.773	190.840	2.07	2.20	
타인작업 토의연구	교사	1.75	.709	311.957	1.69	1.81	61.694
	학부모	2.17	.707	265.491	2.11	2.24	
전체평균	교사	2.14	.660	240.60	1.92	2.04	67.59
	학부모	1.81					

* p<.05

<표 9>의 아동 영재성의 예술적 특성에 대한 사전검사에서도 교사 집단의 설문별 인식점수의 전체 평균(2.14)이 학부모 집단의 경우 (1.81)보다 다소 높게 나타나 있다. 연구 전 집단간에 차이(0.33)가 아주 근소하며 집단간 평균차이 검증을 한 결과도 5% 유의수준에서 통계적으로 차이가 없는 것으로 나타났으므로 두 집단의 예술적 특성 출발점은 같다고 볼 수 있다.

두 모집단 평균 차이 검증(t)을 살펴보면 아이디어를 시각적으로 표현(66.970), 예술 작품 내용 변화(75.824)등의 변인에서 통계적으로 적합한 결과로 나타났다. 즉 실험 적용 이전의 두 집단의 아동의 영재성의 예술적 특성에 대한 인식은 비슷한 수준이어서 동질 집단으로 나타낼 수 있다.

6. 아동의 유머 및 행동의 특성에 관한 교사·학부모의 인식의 사전검사

아동 영재성의 유머 및 행동의 특성에 대한 교사와 학부모 집단의 인식 사전검사 결과는 다음과 같다.

〈표 10〉 아동 영재성의 유머 및 행동 특성에 대한 교사·학부모의 인식

설문	집단	평균 (M)	표준편차 (SD)	적합도 검증 X^2	차이의 95% 신뢰구간		두 모집단 평균 차이 검증(t)
					하한	상한	
연극풍자 자발참여	교사	2.01	.712	56.660	1.95	2.07	62.390
	학부모	2.09	.747	208.471	2.02	2.15	
경험전달 적극참여	교사	2.11	.637	145.393	2.06	2.17	74.711
	학부모	2.21	.648	126.076	2.15	2.26	
제스처 다양표현	교사	2.00	.642	142.553	1.94	2.06	68.213
	학부모	1.94	.643	143.728	1.89	2.00	
즉흥연기 연출유능	교사	1.85	.653	366.213	1.79	1.91	65.459
	학부모	1.83	.599	439.232	1.78	1.88	
아이디어 탐색	교사	2.02	.637	423.967	1.96	2.08	75.345
	학부모	2.06	.572	521.008	2.01	2.11	
타인모방 탁월	교사	2.03	.658	121.234	1.97	2.09	66.796
	학부모	2.02	.692	289.488	1.96	2.08	
동작표정 발표선호	교사	2.05	.583	233.094	2.00	2.10	86.850
	학부모	2.18	.509	341.236	2.14	2.23	
유머활용 대화선호	교사	2.06	.674	98.807	2.00	2.12	72.820
	학부모	2.13	.608	189.916	2.08	2.18	
향상유머 동료동참	교사	1.85	.707	62.906	1.78	1.91	56.261
	학부모	1.89	.770	194.640	1.82	1.96	
창의적인 유머계발	교사	2.00	.745	226.033	1.93	2.06	61.138
	학부모	2.03	.720	257.872	1.97	2.09	
전체평균	**교사**	**2.03**	.660	229.430	1.96	2.08	69.000
	학부모	**1.99**					

* $p < .05$

<표 10>의 아동 영재성의 유머 및 행동 특성에 대한 사전검사에서 교사 집단의 설문별 인식점수(2.03)가 학부모 집단의 경우(1.99)보다 평균이 약간 높게 나타나 있다. 연구 전 집단간에 차이(0.04)가 아주 근소하며 집단간 평균차이 검증을 한 결과도 5% 유의수준에서 통계적으로 차이가 없는 것으로 나타났으므로 두 집단의 유머 및 행동의 특성 출발점은 같다고 볼 수 있다.

두 모집단 평균 차이 검증(t)을 살펴보면 연극을 풍자하는 데 적극 참여 (62.390), 경험 전달 적극 참여(74.711)등의 변인에서 통계적으로 적합한 결과로 나타났다. 즉 실험 적용 이전의 두 집단의 아동의 영재성의 유머 및 행동의 특성에 대한 인식은 비슷한 수준이어서 동질 집단으로 볼 수 있다.

결론적으로 **"아동의 영재성에 대한 교사와 학부모 집단간의 인식에는 차이가 없을 것이다."**라는 영가설 [가설 1]은 수용된다. 다시 말하면 교사와 학부모 집단간 아동의 영재성에 대한 인식에는 차이가 없다 하겠다.

B. 영재성 향상 프로그램 효과에 대한 인식 비교

본 연구에서는 초등학생 1, 2학년의 특성 및 지능에 관계없이 영재성 향상 프로그램을 일정 기간 적용하는 것이 언어와 탐구행동 향상에 긍정적인 영향을 미치는가의 여부를 검증함에 있어서 "동일 집단의 영재성에 대한 전·후의 교사와 학부모의 인식 검사 점수를 비교하고, 사전에 실시한 아동의 영재성 인식 검사 점수의 집단간 차이가 없을 것이다."라는 영가설을 검증하였다.

먼저 아동의 각 영역별 영재성에 대한 교사와 학부모의 인식 사후
검사 결과를 살펴보면 아래와 같다.

1. 아동의 학습의 특성에 관한 사후검사 결과

영재성 계발 프로그램 투입 후 교사와 학부모 집단간의 아동의 학
습의 특성 계발 효과 인식에 관한 사후검사 결과는 다음과 같다.

〈표 11〉 아동의 학습의 특성에 관한 교사·학부모의 인식 사후검사

설문	집단	평균 (M)	표준편차 (SD)	적합도 검증 X^2	차이의 95% 신뢰구간		두 모집단 평균 차이 검증(t)
					하한	상한	
어휘력	교사	3.32	.694	331.689	3.26	3.38	108.877
	학부모	3.36	.671	395.008	3.30	3.42	
정보 저장	교사	3.54	.686	296.852	3.48	3.60	122.736
	학부모	3.48	.592	406.186	3.43	3.53	
빠른 이해	교사	3.56	.653	354.738	3.50	3.61	132.635
	학부모	3.50	.554	449.874	3.45	3.55	
빠른 통찰	교사	3.68	.787	196.033	3.61	3.75	104.585
	학부모	3.63	.770	212.956	3.57	3.70	
올바른 일반화	교사	3.77	.747	313.492	3.71	3.84	117.862
	학부모	3.78	.682	413.132	3.72	3.84	
다양한 관찰력	교사	3.57	.722	261.721	3.51	3.63	111.045
	학부모	3.45	.684	320.533	3.39	3.51	
다양한 독서력	교사	3.61	.716	298.639	3.55	3.68	111.489
	학부모	3.59	.720	390.026	3.53	3.65	
논리적 사고력	교사	3.70	.698	292.836	3.63	3.76	122.413
	학부모	3.63	.636	375.575	3.58	3.69	
고난도 독서력	교사	3.49	.705	286.033	3.43	3.55	110.020
	학부모	3.45	.699	292.110	3.39	3.51	

설문	집단	평균 (M)	표준편차 (SD)	적합도 검증 X^2	차이의 95% 신뢰구간		두 모집단 평균 차이 검증(t)
					하한	상한	
고난도 독서력	교사	3.49	.705	286.033	3.43	3.55	110.020
	학부모	3.45	.699	292.110	3.39	3.51	
호기심 대화	교사	3.31	.814	123.590	3.23	3.39	86.591
	학부모	3.34	.835	155.727	3.27	3.41	
전체평균	교사	3.555	.710	308.34	3.48	3.60	112.830
	학부모	3.521					

* p<.05

<표 11>에서 아동의 학습 특성에 관한 사후검사 결과 교사 집단의 설문별 인식점수 전체 평균(3.555)은 학부모 집단의 경우(3.521)보다 약간 높게(0.034) 나타나 있다. 연구 후 집단간에 차이(0.034)가 아주 근소하며 집단간 평균차이 검증을 한 결과도 5% 유의수준에서 통계적으로 차이가 없는 것으로 나타났으므로 두 집단의 학습의 특성 평가는 비슷하다고 볼 수 있다.

두 모집단 평균 차이 검증(t)을 살펴보면, 어휘력(108.877), 올바른 일반화 (117.862)등의 변인에서 통계적으로 적합한 결과로 나타났다. 즉 실험 적용 이후의 두 집단의 학습의 특성 인식은 비슷한 수준이어서 학생 개인별 교육과정을 작성하는 데 도움을 줄 수 있는 것으로 나타났다.

2. 아동의 동기적 특성에 관한 사후검사 결과

영재성 계발 프로그램 투입 후 교사와 학부모 집단간의 아동의 동기적 특성 계발 효과 인식에 관한 사후검사 결과는 다음과 같다.

〈표 12〉 아동의 동기적 특성에 관한 교사·학부모의 인식 사후검사

설문	집단	평균 (M)	표준편차 (SD)	적합도 검증 X^2	차이의 95% 신뢰구간		두 모집단 평균 차이 검증(t)
					하한	상한	
열중몰두 인내끈기	교사	3.27	.674	338.721	3.21	3.33	109.011
	학부모	3.40	.687	348.717	3.34	3.46	
창의적 활동	교사	3.50	.684	299.393	3.44	3.56	119.523
	학부모	3.50	.622	374.968	3.45	3.56	
외적동기 불필요	교사	3.55	.654	340.000	3.50	3.61	129.788
	학부모	3.52	.564	437.579	3.47	3.57	
완전을 위한 최선	교사	3.67	.793	191.623	3.60	3.74	105.143
	학부모	3.64	.755	228.764	3.58	3.71	
독자적 과업선호	교사	3.67	.750	251.623	3.60	3.73	113.248
	학부모	3.72	.703	345.890	3.66	3.78	
성인문제 관심	교사	3.58	.729	250.672	3.52	3.64	111.339
	학부모	3.41	.668	335.479	3.35	3.47	
자신신념 완강	교사	3.55	.723	264.377	3.48	3.61	108.648
	학부모	3.56	.731	341.451	3.50	3.63	
환경조직 구조화	교사	3.64	.696	284.639	3.58	3.70	120.959
	학부모	3.62	.641	363.934	3.57	3.68	
주변사물 평가판단	교사	3.51	.711	272.361	3.45	3.58	110.491
	학부모	3.47	.694	296.437	3.40	3.53	
강한 과제집착력	교사	3.34	.902	93.393	3.26	3.42	85.816
	학부모	3.39	.845	144.198	3.31	3.46	
전체평균	교사	3.528	.710	290.210	3.46	3.59	111.400
	학부모	3.523					

* p<.05

<표 12>에서 아동의 동기적 특성에 대한 사후검사 결과는 교사 집단의 설문별 인식점수 전체 평균(3.528)은 학부모 집단의 경우 (3.523)보다 약간 높게(0.005) 나타나 있다. 연구 후 집단간에 차이 (0.005)가 아주 근소하며 집단간 평균차이 검증을 한 결과도 5% 유의 수준에서 통계적으로 차이가 없는 것으로 나타났으므로 두 집단이

인식하는 동기적 특성 수행평가는 비슷하다고 볼 수 있다.

두 모집단 평균 차이 검증(t)을 살펴보면, 열중하면서 끈기(109.011), 창의적 활동(119.523)등의 변인에서 통계적으로 적합한 결과로 나타났다. 즉 실험 적용 이후의 두 집단의 동기적 특성 인식은 비슷한 수준이어서 교사와 학부모가 공감하면서 교수-학습 과정안을 작성할 수 있다.

3. 아동의 창의적 특성에 관한 사후검사 결과

영재성 계발 프로그램 투입 후 교사와 학부모 집단간의 아동의 창의적 특성 계발 효과 인식에 관한 사후검사 결과는 다음과 같다.

〈표 13〉 아동의 창의적 특성에 관한 교사 · 학부모의 인식 사후검사

설문	집단	평균 (M)	표준편차 (SD)	적합도 검증 X^2	차이의 95% 신뢰구간		두 모집단 평균 차이 검증(t)
					하한	상한	
끊임없는 질문	교사	3.33	.695	325.639	3.27	3.39	109.155
	학부모	3.40	.673	365.534	3.34	3.45	
현명한 대답 제시	교사	3.54	.686	296.770	3.48	3.60	121.495
	학부모	3.51	.609	389.100	3.46	3.56	
자유로운 의견표현	교사	3.52	.656	353.311	3.47	3.58	125.526
	학부모	3.58	.606	387.647	3.53	3.64	
모험 도전 사색 선호	교사	3.63	.838	150.754	3.56	3.71	101.891
	학부모	3.68	.763	216.629	3.61	3.75	
지적 유희 공상 선호	교사	3.78	.749	296.475	3.71	3.85	119.073
	학부모	3.79	.670	439.575	3.73	3.85	
예리한 유머 감각	교사	3.58	.735	248.328	3.51	3.64	109.675
	학부모	3.48	.697	305.986	3.42	3.54	
예리한 유머 감각	교사	3.58	.735	248.328	3.51	3.64	109.675
	학부모	3.48	.697	305.986	3.42	3.54	

설문	집단	평균 (M)	표준편차 (SD)	적합도 검증 χ^2	차이의 **95%** 신뢰구간		두 모집단 평균 차이 검증(t)
					하한	상한	
예리한 유머 감각	교사	3.58	.735	248.328	3.51	3.64	109.675
	학부모	3.48	.697	305.986	3.42	3.54	
정서적 감상 표출	교사	3.58	.697	300.082	3.52	3.64	114.260
	학부모	3.65	.710	389.818	3.59	3.71	
사물의 심미적특성	교사	3.60	.724	255.492	3.54	3.66	117.152
	학부모	3.67	.661	347.008	3.61	3.73	
무질서수용 개인선호	교사	3.52	.733	262.475	3.45	3.58	108.429
	학부모	3.52	.711	278.297	3.46	3.59	
건설적인 비판	교사	3.32	.931	76.492	3.24	3.40	84.058
	학부모	3.35	.839	154.050	3.27	3.42	
전체평균	**교사**	3.540	.720	291.970	3.49	3.61	111.070
	학부모	3.563					

* $p<.05$

<표 13>에서 아동의 창의적 특성에 관한 사후검사 결과는 학부모 집단의 설문별 인식점수 전체 평균(3.563)은 교사 집단의 경우(3.540)보다 평균이 약간 높게(0.023) 나타나 있다. 연구 후 집단간에 차이(0.023)가 아주 근소하며 집단간 평균차이 검증을 한 결과도 5% 유의수준에서 통계적으로 차이가 없는 것으로 나타났으므로 두 집단의 창의적 특성 관찰은 비슷하다고 볼 수 있다.

두 모집단 평균 차이 검증(t)을 살펴보면, 끊임없는 질문(109.155), 현명한 대답 제시(121.495)등의 변인에서 통계적으로 적합한 결과로 나타났다. 즉 실험 적용 이후의 두 집단의 창의적 특성 인식은 비슷한 것으로 보아 객관적인 평가가 이루어졌음을 알 수 있다.

4. 아동의 리더십 특성에 관한 사후검사 결과

영재성 계발 프로그램 투입 후 교사와 학부모 집단간의 아동의 리더십 특성 계발 효과 인식에 관한 사후검사 결과는 다음과 같다.

〈표 14〉 아동의 리더십 특성에 관한 교사 · 학부모의 인식 사후검사

설문	집단	평균 (M)	표준편차 (SD)	적합도 검증 X^2	차이의 95% 신뢰구간		두 모집단 평균 차이 검증(t)
					하한	상한	
책임감 약속이행	교사	3.32	.677	349.918	3.26	3.38	109.747
	학부모	3.37	.678	377.328	3.31	3.43	
자신만만 욕구만족	교사	3.50	.666	318.213	3.44	3.56	121.376
	학부모	3.51	.622	374.569	3.46	3.57	
협조적 동료선호	교사	3.53	.659	329.066	3.47	3.59	124.504
	학부모	3.57	.611	385.204	3.52	3.62	
언쟁회피 동료의식	교사	3.69	.859	129.557	3.61	3.76	101.302
	학부모	3.68	.764	215.623	3.61	3.74	
유창한 언어 능력	교사	3.78	.801	233.115	3.71	3.85	114.484
	학부모	3.77	.678	428.764	3.71	3.83	
사고행동 융통성	교사	3.62	.754	223.590	3.55	3.69	73.911
	학부모	3.53	1.894	528.072	3.36	3.70	
사교적인 타인동행	교사	3.58	.749	264.148	3.51	3.65	108.729
	학부모	3.63	.727	380.525	3.57	3.70	
동료의식 지배경향	교사	3.69	.713	270.852	3.63	3.76	119.931
	학부모	3.65	.651	356.844	3.59	3.71	
아이디어 제공	교사	3.50	.747	238.377	3.43	3.56	106.703
	학부모	3.51	.714	275.838	3.45	3.58	
체육활동 지도력	교사	3.32	.896	101.180	3.24	3.40	85.127
	학부모	3.34	.847	143.591	3.27	3.41	
전체평균	교사	3.553	.790	296.220	3.48	3.62	106.580
	학부모	3.556					

* p<.05

〈표 14〉에서 아동의 리더십 특성에 관한 사후검사 결과는 학부모

집단의 설문별 인식점수 전체 평균(3.556)은 교사 집단의 경우(3.553)보다 약간 높게(0.003) 나타나 있다. 연구 후 집단간에 차이(0.003)가 아주 근소하며 집단간 평균차이 검증을 한 결과도 5% 유의수준에서 통계적으로 차이가 없는 것으로 나타났으므로 두 집단의 리더십 특성 평가는 비슷하다고 볼 수 있다.

두 모집단 평균 차이 검증(t)을 책임감과 약속 이행(109.747), 자신만만하고 욕구에 만족(121.376)등의 변인에서 통계적으로 적합한 결과로 나타났다. 즉 실험 적용 이후의 두 집단의 리더십 특성 인식은 비슷한 수준이어서 객관적인 평가로 보여 진다.

5. 아동의 예술적 특성에 관한 사후검사 결과

영재성 계발 프로그램 투입 후 교사와 학부모 집단간의 아동의 예술적 특성 계발 효과 인식에 관한 사후검사 결과는 다음과 같다.

〈표 15〉 아동의 예술적 특성에 관한 교사·학부모의 인식 사후검사

설문	집단	평균 (M)	표준편차 (SD)	적합도 검증 X^2	차이의 95% 신뢰구간		두 모집단 평균 차이 검증(t)
					하한	상한	
아이디어 시각표현	교사	2.96	.750	313.590	2.89	3.03	99.754
	학부모	3.38	.672	388.128	3.32	3.44	
예술작품 내용·변화	교사	3.24	.798	179.721	3.17	3.31	109.557
	학부모	3.50	.605	391.719	3.44	3.55	
독창적인 해결책	교사	3.15	.840	155.656	3.07	3.22	111.394
	학부모	3.51	.561	442.976	3.46	3.56	
연구과제 작도설명	교사	3.36	1.016	27.852	3.27	3.45	89.115
	학부모	3.63	.773	210.082	3.56	3.70	
여러가지 기법활용	교사	3.19	1.060	50.311	3.10	3.28	94.585
	학부모	3.77	.688	409.108	3.71	3.83	

설문	집단	평균 (M)	표준편차 (SD)	적합도 검증 X^2	차이의 **95%** 신뢰구간		두 모집단 평균 차이 검증(t)
					하한	상한	
예술매체 선택경향	교사	3.27	.907	112.000	3.19	3.35	96.900
	학부모	3.44	.674	337.108	3.38	3.50	
신기로운 관찰력	교사	3.12	.970	70.541	3.03	3.21	91.477
	학부모	3.59	.719	398.601	3.53	3.66	
아이디어 특이생산	교사	3.21	.954	65.361	3.13	3.30	99.331
	학부모	3.63	.654	346.625	3.58	3.69	
창작물 재생산	교사	3.24	.847	159.410	3.17	3.32	96.898
	학부모	3.47	.711	279.830	3.41	3.53	
타인작업 토의연구	교사	3.05	.966	102.164	2.96	3.14	79.683
	학부모	3.36	.838	155.838	3.28	3.43	
전체평균	교사	3.179	.800	229.830	3.28	3.42	96.870
	학부모	3.528					

* p<.05

    <표 15>에서 아동의 예술적 특성에 관한 사후검사 결과는 학부모 집단의 설문별 인식점수 전체 평균(3.528)은 교사 집단의 경우(3.179)보다 약간 높게(0.349) 나타나 있다. 연구 후 집단간에 차이(0.349)가 아주 근소하며 집단간 평균차이 검증을 한 결과도 5% 유의수준에서 통계적으로 차이가 없는 것으로 나타났으므로 두 집단의 예술적 특성 평가는 비슷하다고 볼 수 있다.

    두 모집단 평균 차이 검증(t)을 살펴보면 아이디어를 시각적으로 표현(99.754), 예술 작품 내용 변화(109.557)등의 변인에서 통계적으로 적합한 결과로 나타났다. 즉 실험 적용 이후의 두 집단의 예술적 특성 인식은 비슷한 수준이어서 바람직한 평가 집단으로 인식할 수 있다.

6. 아동의 유머 및 행동의 특성에 관한 사후검사 결과

영재성 계발 프로그램 투입 후 교사와 학부모 집단간의 아동의 유머 및 행동의 특성 계발 효과 인식에 관한 사후검사 결과는 다음과 같다.

〈표 16〉 아동의 유머 및 행동 특성에 관한 교사·학부모의 인식

설문	집단	평균 (M)	표준편차 (SD)	적합도 검증 X2	차이의 95% 신뢰구간		두 모집단 평균 차이 검증(t)
					하한	상한	
연극풍자 자발참여	교사	3.09	.825	150.311	3.02	3.17	78.933
	학부모	3.06	.913	106.657	2.98	3.14	
경험전달 적극참여	교사	3.28	.822	154.475	3.21	3.36	82.253
	학부모	3.17	.930	215.208	3.09	3.25	
제스처 다양표현	교사	3.18	.873	114.410	3.10	3.26	85.384
	학부모	3.25	.805	177.204	3.18	3.32	
즉흥연기 연출유능	교사	3.53	1.068	52.016	3.43	3.62	72.517
	학부모	3.39	1.054	83.088	3.30	3.49	
아이디어 탐색	교사	3.21	1.059	64.836	3.11	3.30	83.754
	학부모	3.64	.811	274.609	3.57	3.72	
타인모방 탁월	교사	3.31	.940	74.672	3.23	3.39	76.980
	학부모	3.13	.920	118.345	3.05	3.21	
동작표정 발표선호	교사	3.06	.917	104.705	2.98	3.14	80.320
	학부모	3.41	.877	241.204	3.33	3.48	
유머활용 대화선호	교사	3.21	.977	55.033	3.12	3.30	81.662
	학부모	3.47	.857	207.655	3.40	3.55	
향상유머 동료동참	교사	3.36	.886	114.639	3.28	3.44	63.406
	학부모	3.19	1.659	338.511	3.05	3.34	
창의적인 유머계발	교사	3.09	1.032	66.803	3.00	3.18	65.647
	학부모	3.05	1.048	164.365	2.96	3.14	
전체평균	**교사**	3.232	.960	143.940	3.17	3.34	77.090
	학부모	3.276					

* p<.05

<표 16>에서 아동의 유머 및 행동 특성에 관한 사후검사 결과는

학부모 집단의 설문별 인식점수 전체 평균(3.276)은 교사 집단의 경우 (3.232) 보다 약간 높게(0.044) 나타나 있다. 연구 후 집단간에 차이 (0.044)가 아주 근소하며 집단간 평균차이 검증을 한 결과도 5% 유의 수준에서 동계적으로 차이가 없는 것으로 나타났으므로 두 집단의 유머 및 행동의 특성 평가는 비슷하다고 볼 수 있다.

두 모집단 평균 차이 검증(t)을 살펴보면 연극을 풍자하는 데 적극 참여 (78.933), 경험 전달 적극 참여(82.253)등의 변인에서 통계적으로 적합한 결과로 나타났다. 즉 실험 적용 이후의 두 집단의 유머 및 행동의 특성 인식은 비슷한 수준이어서 프로그램 작성에 도움이 될 수 있다.

C. 영재성 향상 프로그램 투입 전.후의 인식 비교

아동의 영재성 향상 프로그램 투입 전후의 영역별 문항에 대한 교사와 학부모의 인식점수 차를 살펴보면 다음과 같다.

1. 아동의 학습특성에 대한 교사와 학부모의 전 · 후 인식 비교

아동의 영재성 향상 프로그램 투입 전 · 후의 학습 특성에 대한 교사와 학부모의 반응 결과를 비교해 보면 다음과 같다.

문항	집단	항목	1차		2차		증감 2차-1차%	증감 2차-1차 평균	증감 평균	두 모집단 평균 차이 검증(t)
			N	%	N	%				
나이에 비해 탁월한 어휘력을 가지고 있다.	교사	① 적극 부정	179	36.7	0	0	-36.7	+1.54	+1.57	52.028
		② 부정	148	30.3	40	8.2	-22.1			
		③ 보통	70	14.3	275	56.4	+42.1			
		④ 긍정	0	0	149	30.5	+30.5			
		⑤ 적극 긍정	0	0	24	4.9	+4.9			
	학부모	① 적극 부정	199	39.7	0	0	-36.9	+1.60		
		② 부정	224	44.7	26	5.2	-39.5			
		③ 보통	78	15.6	298	59.5	+43.9			
		④ 긍정	0	0	148	29.5	+29.5			
		⑤ 적극 긍정	0	0	29	5.8	+5.8			
다양한 주제에 관한 큰 정보 저장소를 가지고 있다.	교사	① 적극 부정	148	30.3	0	0	-30.3	+1.75	+1.76	58.711
		② 부정	296	60.7	20	4.1	-56.6			
		③ 보통	44	9.0	220	45.1	+36.1			
		④ 긍정	0	0	214	43.9	+43.9			
		⑤ 적극 긍정	0	0	34	7.0	+7.0			
	학부모	① 적극 부정	193	38.5	0	0	-38.5	+1.78		
		② 부정	263	52.5	16	3.2	-49.3			
		③ 보통	45	9.0	238	47.5	+38.5			
		④ 긍정	0	0	238	47.5	+47.5			
		⑤ 적극 긍정	0	0	9	1.8	+1.8			
실제적인 정보 자료의 빠른 이해와 회상 능력을 가지고 있다.	교사	① 적극 부정	128	26.2	0	0	-26.2	+1.71	+1.70	64.484
		② 부정	305	62.5	5	1.0	-61.5			
		③ 보통	55	11.3	240	49.2	+37.9			
		④ 긍정	0	0	210	43.0	+43.0			
		⑤ 적극 긍정	0	0	33	6.8	+6.8			
	학부모	① 적극 부정	147	29.3	0	0	-29.3	+1.69		
		② 부정	303	60.5	2	0.4	-60.1			
		③ 보통	51	10.2	257	51.3	+41.1			
		④ 긍정	0	0	230	45.9	+45.9			
		⑤ 적극 긍정	0	0	12	2.4	+2.4			

문항	집단	항목	1차		2차		증감 2차-1차%	증감 2차-1차 평균	증감 평균	두 모집단 평균 차이 검증(t)
			N	%	N	%				
원인과 결과 관계에 대한 빠른 통찰력이 있다.	교사	① 적극 부정	165	33.8	0	0	-33.8	+1.87	+1.86	43.083
		② 부정	272	55.7	29	5.9	-49.8			
		③ 보통	45	9.2	165	33.8	+24.6			
		④ 긍정	6	1.2	225	46.1	+44.9			
		⑤ 적극 긍정	0	0	69	14.1	+14.1			
	학부모	① 적극 부정	174	34.7	0	0	-34.7	+1.85		
		② 부정	289	57.7	25	5.0	-52.7			
		③ 보통	34	6.8	198	39.5	+32.7			
		④ 긍정	4	0.8	213	42.5	+41.7			
		⑤ 적극 긍정	0	0	65	13.0	+13.0			
사물에 있어서의 유사점과 차이점을 찾아낸다.	교사	① 적극 부정	96	19.7	0	0	-19.7	+2.03	+1.93	43.772
		② 부정	336	68.9	31	6.4	-62.5			
		③ 보통	50	10.2	111	22.7	+12.5			
		④ 긍정	6	1.2	284	58.2	+57.0			
		⑤ 적극 긍정	0	0	62	12.7	+12.7			
	학부모	① 적극 부정	95	10.9	0	0	-10.9	+1.84		
		② 부정	346	69.1	23	4.6	-64.5			
		③ 보통	56	11.2	113	22.6	+11.4			
		④ 긍정	4	0.8	314	62.7	+61.9			
		⑤ 적극 긍정	0	0	51	10.2	+10.2			
날카롭고 빈틈없이 관찰해 낸다.	교사	① 적극 부정	173	35.5	0	0	-35.5	+1.83	+1.80	46.382
		② 부정	268	54.9	19	3.9	-51.0			
		③ 보통	47	9.6	220	45.1	+35.5			
		④ 긍정	0	0	201	41.2	+41.2			
		⑤ 적극 긍정	0	0	48	9.8	+9.8			
	학부모	① 적극 부정	183	36.5	0	0	-36.5	+1.77		
		② 부정	294	58.7	26	5.2	-53.5			
		③ 보통	24	4.8	254	50.7	+45.9			
		④ 긍정	0	0	192	38.3	+38.3			
		⑤ 적극 긍정	0	0	29	5.8	+5.8			

문항	집단	항목	1차		2차		증감 2차-1차%	증감 2차-1차 평균	증감 평균	두 모집단 평균 차이 검증(t)
			N	%	N	%				
관심 있는 많은 책을 스스로 읽는다.	교사	① 적극 부정	92	18.9	0	0	-18.9	+1.68	+1.69	34.257
		② 부정	337	69.1	32	6.6	-62.5			
		③ 보통	59	12.1	160	32.8	+20.7			
		④ 긍정	0	0	261	53.5	+53.5			
		⑤ 적극 긍정	0	0	35	7.2	+7.2			
	학부모	① 적극 부정	106	21.2	0	0	-21.2	+1.70		
		② 부정	345	68.9	49	9.8	-59.1			
		③ 보통	50	10.0	128	25.5	+15.5			
		④ 긍정	0	0	304	60.7	+60.7			
		⑤ 적극 긍정	0	0	20	4.0	+4.0			
복잡한 자료를 각 부분으로 분리해서 이해하려고 노력한다.	교사	① 적극 부정	134	27.5	0	0	-27.5	+1.81	+1.80	56.445
		② 부정	274	56.1	16	3.3	-52.8			
		③ 보통	80	16.4	167	34.2	+17.8			
		④ 긍정	0	0	254	52.0	+52.0			
		⑤ 적극 긍정	0	0	51	10.5	+10.5			
	학부모	① 적극 부정	137	27.3	0	0	-27.3	+1.79		
		② 부정	305	60.9	14	2.8	-58.1			
		③ 보통	59	11.8	185	36.9	+25.1			
		④ 긍정	0	0	273	54.5	+54.5			
		⑤ 적극 긍정	0	0	29	5.8	+5.8			
전문 서적을 읽고 정리하기를 좋아 한다.	교사	① 적극 부정	200	41.0	0	0	-41.0	+1.81	+1.84	51.629
		② 부정	246	50.4	24	4.9	-45.5			
		③ 보통	42	8.6	236	48.4	+39.8			
		④ 긍정	0	0	192	39.3	+39.3			
		⑤ 적극 긍정	0	0	36	7.4	+7.4			
	학부모	① 적극 부정	246	49.1	0	0	-49.1	+1.88		
		② 부정	223	44.5	34	6.8	-37.7			
		③ 보통	32	6.4	232	46.3	+39.9			
		④ 긍정	0	0	209	41.7	+41.7			
		⑤ 적극 긍정	0	0	26	5.2	+5.2			

문항	집단	항목	1차		2차		증감 2차-1차%	증감 2차-1차 평균	증감 평균	두 모집단 평균 차이 검증(t)
			N	%	N	%				
관심 분야에 대하여 어른과 대화하기를 좋아하고 호기심을 갖는다.	교사	① 적극 부정	193	39.5	0	0	-39.5	+1.56	+1.61	33.048
		② 부정	233	47.7	87	17.8	-29.9			
		③ 보통	51	10.5	210	43.0	+32.5			
		④ 긍정	11	2.3	144	29.5	+27.2			
		⑤ 적극 긍정	0	0	47	9.6	+9.6			
	학부모	① 적극 부정	219	43.7	0	0	-43.7	+1.67		
		② 부정	239	47.7	77	15.4	-32.3			
		③ 보통	32	6.4	217	43.3	+36.9			
		④ 긍정	11	2.2	166	33.1	+30.9			
		⑤ 적극 긍정	0	0	41	8.2	+8.2			

변화를 살펴보면 "탁월한 어휘력."은 1.57, "주제에 관한 큰 정보 저장소"는 1.765, "정보 자료의 빠른 이해"는 1.70, "빠른 통찰력"은 1.86, "유사점과 차이점을 찾아낸다."는 1.935, "빈틈없이 관찰해 낸다."는 1.80, "책을 스스로 읽는다."는 1.69, "복잡한 자료를 이해하려고 노력한다."는 1.80, "전문서적 읽기"는 1.845, "호기심을 갖는다."는 1.615가 향상된 것으로 나타났다.

<표 17>에서 보는 바와 같이 아동 영재성의 학습특성 영역의 어휘력을 포함한 10개 문항 모두 두 집단간 전·후 인식의 평균차이 검증(t) 결과 유의차가 발견되지 않았다..

한편 아동의 영재성 계발 프로그램 투입 전·후의 학습 특성에 대한 교사와 학부모의 인식점수 평균을 종합적으로 비교해 보면 다음과 같다.

<표 17-1> 아동의 학습 특성에 대한 교사와 학부모의 전·후 인식 비교

영역	집단평균		총평균	두 모집단 총평균 차이 검증(t)
학습 특성	교사	+1.759	+1.758	48.390
	학부모	+1.757		

<표 17-1>에서 보는 바와 같이 아동의 영재성 계발 프로그램 투입 전·후의 학습 특성에 대한 교사와 학부모의 인식점수 차이의 평균은 교사가 +1.759, 학부모가 +1.757, 총평균은 +1.758로 나타났으며 집단간의 유의차는 없었다.

2. 아동의 동기적 특성에 대한 교사와 학부모의 전·후 인식 비교

아동의 영재성 계발 프로그램 투입 전·후의 동기적 특성에 대한 교사와 학부모의 반응 결과를 비교해 보면 다음과 같다.

<표 18> 아동의 동기적 특성에 대한 교사와 학부모의 전·후 인식

문항	집단	항목	1차 N	1차 %	2차 N	2차 %	증감 2차-1차%	집단 2차-1차 평균	전체 평균 %	두 모집단 평균 차이 검증(t)
일정한 주제나 문제에 열중하고 몰두한다.	교사	① 적극 부정	100	20.5	0	0	-20.5	+1.18	+1.33	49.913
		② 부정	243	49.8	47	9.6	-40.2			
		③ 보통	144	29.5	275	56.4	+26.9			
		④ 긍정	1	0.2	151	30.9	+30.7			
		⑤ 적극 긍정	0	0	15	3.1	+3.1			
	학부모	① 적극 부정	169	33.7	0	0	-33.7	+1.49		
		② 부정	226	45.1	27	5.3	-39.8			
		③ 보통	94	18.8	279	54.6	+35.8			
		④ 긍정	8	1.6	164	32.1	+30.5			
		⑤ 적극 긍정	4	0.8	31	6.1	+5.3			

문항	집단	항목	1차		2차		증감 2차-1차%	집단 2차-1차 평균	전체 평균 %	두 모집단 평균 차이 검증(t)
			N	%	N	%				
틀에 박힌 일상 과제에 대해서 쉽게 싫증을 느낀다.	교사	① 적극 부정	62	12.7	0	0	-12.7	+1.28	+1.39	59.942
		② 부정	270	55.3	25	5.1	-50.2			
		③ 보통	144	29.5	222	45.5	+16.0			
		④ 긍정	12	2.5	213	43.6	+41.1			
		⑤ 적극 긍정	0	0	28	5.7	+5.7			
	학부모	① 적극 부정	161	32.1	0	0	-32.1	+1.50		
		② 부정	224	44.7	19	3.7	-41.0			
		③ 보통	80	16.0	227	44.4	+28.4			
		④ 긍정	26	5.2	240	47.0	+41.8			
		⑤ 적극 긍정	10	2.0	15	2.9	+0.9			
외적인 동기를 거의 필요치 않는다.	교사	① 적극 부정	71	14.5	0	0	-14.5	+1.29	+1.37	72.763
		② 부정	257	52.7	6	1.2	-51.5			
		③ 보통	122	25.0	244	50.0	+25.5			
		④ 긍정	38	7.8	200	41.0	+33.2			
		⑤ 적극 긍정	0	0	38	7.8	+7.8			
	학부모	① 적극 부정	127	25.3	0	0	-25.3	+1.46		
		② 부정	261	52.1	2	0.4	-51.7			
		③ 보통	83	16.6	252	49.3	+32.7			
		④ 긍정	16	3.2	232	45.4	+42.2			
		⑤ 적극 긍정	14	2.8	15	2.9	+0.1			
자신의 성공과 결과에 대해서 쉽게 만족하지 않는다.	교사	① 적극 부정	105	21.5	0	0	-21.5	+1.59	+1.63	51.404
		② 부정	264	54.1	32	6.6	-47.5			
		③ 보통	93	19.1	165	33.8	+14.7			
		④ 긍정	26	5.3	224	45.9	+40.6			
		⑤ 적극 긍정	0	0	67	13.7	+13.7			
	학부모	① 적극 부정	146	29.1	0	0	-29.1	+1.67		
		② 부정	275	54.9	24	4.7	-50.2			
		③ 보통	40	8.0	191	37.4	+29.4			
		④ 긍정	27	5.4	225	44.0	+38.6			
		⑤ 적극 긍정	13	2.6	61	11.9	+9.3			

문항	집단	항목	1차		2차		증감 2차-1차%	집단 2차-1차 평균	전체 평균 %	두 모집단 평균 차이 검증(t)
			N	%	N	%				
교사나 부모로부터의 지도를 거의 필요로 하지 않는다.	교사	① 적극 부정	75	15.4	0	0	-15.4	+1.52	+1.58	51.914
		② 부정	281	57.6	30	6.1	-51.5			
		③ 보통	115	23.6	155	31.8	+8.2			
		④ 긍정	17	3.5	250	51.2	+47.7			
		⑤ 적극 긍정	0	0	53	10.9	+10.9			
	학부모	① 적극 부정	98	19.6	0	0	-19.6	+1.64		
		② 부정	310	61.9	25	4.9	-57.0			
		③ 보통	60	12.0	138	27.0	+15.0			
		④ 긍정	21	4.2	290	56.8	+52.6			
		⑤ 적극 긍정	12	2.4	48	9.4	+7.0			
"어른"들의 문제에 관심을 갖는다.	교사	① 적극 부정	86	17.6	0	0	-17.6	+1.47	+1.47	54.457
		② 부정	279	57.2	23	4.7	-52.5			
		③ 보통	108	22.1	206	42.2	+20.1			
		④ 긍정	15	3.1	212	43.4	+40.3			
		⑤ 적극 긍정	0	0	47	9.6	+9.6			
	학부모	① 적극 부정	162	32.3	0	0	-32.3	+1.48		
		② 부정	253	50.5	30	5.9	-44.6			
		③ 보통	56	11.2	258	50.5	+39.3			
		④ 긍정	18	3.6	192	37.6	+34.0			
		⑤ 적극 긍정	12	2.4	21	4.1	+1.7			
흔히 자기 주장적이며 때때로 공격적이기도 하다.	교사	① 적극 부정	69	14.1	0	0	-14.1	+1.38	+1.45	46.091
		② 부정	283	58.0	33	6.8	-51.2			
		③ 보통	120	24.6	189	38.7	+14.1			
		④ 긍정	16	3.3	232	47.5	+44.2			
		⑤ 적극 긍정	0	0	34	7.0	+7.0			
	학부모	① 적극 부정	112	22.4	0	0	-22.4	+1.52		
		② 부정	293	58.5	50	9.8	-48.7			
		③ 보통	69	13.8	142	27.8	+14.0			
		④ 긍정	20	4.0	287	56.2	+52.2			
		⑤ 적극 긍정	7	1.4	22	4.3	+2.9			

문항	집단	항목	1차		2차		증감 2차-1차%	집단 2차-1차 평균	전체 평균 %	두 모집단 평균 차이 검증(t)
			N	%	N	%				
사물, 사람, 그리고 환경을 조직하고 구조화하기를 좋아한다.	교사	① 적극 부정	90	18.4	0	0	-18.4	+1.47	+1.52	62.362
		② 부정	248	50.8	16	3.3	-47.5			
		③ 보통	129	26.4	189	38.7	+12.3			
		④ 긍정	21	4.3	237	48.6	+44.3			
		⑤ 적극 긍정	0	0	46	9.4	+9.4			
	학부모	① 적극 부정	116	23.2	0	0	-23.2	+1.57		
		② 부정	278	55.5	14	2.7	-52.8			
		③ 보통	80	16.0	191	37.4	+21.4			
		④ 긍정	18	3.6	266	52.1	+48.5			
		⑤ 적극 긍정	9	1.8	30	5.9	+4.1			
사물에 대해서 자주 평가하고 판단을 내린다.	교사	① 적극 부정	123	25.2	0	0	-25.2	+1.47	+1.55	57.606
		② 부정	234	48.0	27	5.5	-42.5			
		③ 보통	121	24.8	219	44.9	+20.1			
		④ 긍정	10	2.0	207	42.4	+40.4			
		⑤ 적극 긍정	0	0	35	7.2	+7.2			
	학부모	① 적극 부정	204	40.7	0	0	-40.7	+1.63		
		② 부정	202	40.3	35	6.8	-33.5			
		③ 보통	71	14.2	221	43.2	+29.0			
		④ 긍정	18	3.6	222	43.4	+39.8			
		⑤ 적극 긍정	6	1.2	23	4.5	+3.3			
과제 집착력이 강하다.	교사	① 적극 부정	110	22.5	0	0	-22.5	+1.19	+1.33	33.367
		② 부정	236	48.4	94	19.3	-29.1			
		③ 보통	102	20.9	182	37.3	+16.4			
		④ 긍정	40	8.2	163	33.4	+25.2			
		⑤ 적극 긍정	0	0	49	10.0	+10.0			
	학부모	① 적극 부정	158	31.5	0	0	-31.5	+1.47		
		② 부정	267	53.3	79	15.5	-37.8			
		③ 보통	46	9.2	189	37.0	+27.8			
		④ 긍정	20	4.0	193	37.8	+33.8			
		⑤ 적극 긍정	10	2.0	40	7.8	+5.8			

변화를 살펴보면, "문제에 열중하고 몰두"는 1.335, "틀에 박힌 일

상 과제"는 1.39, "외적인 동기가 필요 없다."는 1.375, "쉽게 만족하지 않는다."는 1.63, "지도를 거의 필요로 하지 않는다."는 1.58, "어른들의 문제에 관심을 갖는다."는 1.475, "흔히 자기 주장적이다."는 1.45, "환경을 조직하고 구조화하기를 좋아한다."는 1.52, "자주 평가하고 판단을 내린다."는 1.55, "과제 집착력이 강하다."는 1.33이 향상된 것으로 나타났다.

<표 18>에서 보는 바와 같이 아동의 동기적 특성 영역의 '문제에 열중하고 몰두한다.'는 문항을 포함한 10개 문항 모두 두 집단간 전·후 인식의 평균차이 검증(t) 결과 유의차가 발견되지 않았다

또한 아동의 영재성 계발 프로그램 투입 전·후의 동기적 특성에 대한 교사와 학부모의 인식점수 평균을 종합적으로 비교해 보면 다음과 같다.

〈표 18-1〉 아동의 동기적 특성에 대한 교사와 학부모의 전·후 인식 평균 비교

영역	집단평균		총평균	두 모집단 총평균 차이 검증(t)
동기적 특성	교사	+1.384	+1.4635	53.990
	학부모	+1.543		

<표 18-1>에서 보는 바와 같이 아동의 영재성 계발 프로그램 투입 전·후의 동기적 특성에 대한 교사와 학부모의 인식점수 차이 평균은 교사가 +1.384, 학부모가 +1.543로 그 차이는 0.159, 나타났으며 집단간 유의차는 없었다·

3. 아동의 창의적 특성에 대한 교사와 학부모의 전·후 인식 비교

아동의 영재성 계발 프로그램 투입 전·후의 창의적 특성에 대한 교사와 학부모의 반응 결과를 비교해 보면 다음과 같다.

〈표 19〉 아동의 창의적 특성에 대한 교사와 학부모의 전·후 인식

문항	집단	항목	1차		2차		증감 2차-1차%	집단 2차-1차 평균	전체 평균 %	두 모집단 평균 차이 검증(t)
			N	%	N	%				
모든 것에 관하여 끊임없이 질문을 하려 든다.	교사	① 적극 부정	80	16.4	0	0	-16.4	+1.14	+1.085	35.205
		② 부정	234	48.0	40	8.2	-39.8			
		③ 보통	174	35.7	272	55.7	+20.0			
		④ 긍정	0	0	152	31.1	+31.1			
		⑤ 적극 긍정	0	0	24	4.9	+4.9			
	학부모	① 적극 부정	47	9.4	0	0	-9.4	+1.03		
		② 부정	230	45.9	24	4.8	-41.1			
		③ 보통	214	42.7	282	56.3	+13.6			
		④ 긍정	9	1.8	163	32.5	+30.7			
		⑤ 적극 긍정	1	0.2	29	5.8	+5.6			
독특하고, 색다르며, 현명한 대답을 제시한다.	교사	① 적극 부정	45	9.2	0	0	-9.2	+1.03	+1.17	36.939
		② 부정	287	58.8	20	4.1	-54.7			
		③ 보통	156	32.0	219	44.9	+12.9			
		④ 긍정	0	0	215	44.1	+44.1			
		⑤ 적극 긍정	0	0	34	7.0	+7.0			
	학부모	① 적극 부정	29	5.8	0	0	-5.8	+1.31		
		② 부정	269	53.7	16	3.2	-50.5			
		③ 보통	198	39.5	228	45.5	+6.0			
		④ 긍정	5	1.0	243	48.5	+47.5			
		⑤ 적극 긍정	0	0	14	2.8	+2.8			

문항	집단	항목	1차		2차		증감 2차-1차%	집단 2차-1차 평균	전체 평균 %	두 모집단 평균 차이 검증(t)
			N	%	N	%				
의견 불일치에 있어서 과격하고 활발하며, 집요하다.	교사	① 적극 부정	80	16.4	0	0	-16.4	+1.15	+1.28	58.331
		② 부정	276	56.6	6	1.2	-55.4			
		③ 보통	130	26.6	258	52.9	+26.3			
		④ 긍정	2	0.4	186	38.1	+34.1			
		⑤ 적극 긍정	0	0	38	7.8	+7.8			
	학부모	① 적극 부정	72	14.4	0	0	-14.4	+1.41		
		② 부정	252	50.3	2	0.4	-49.9			
		③ 보통	139	27.7	233	46.5	+18.8			
		④ 긍정	38	7.6	237	47.3	+39.7			
		⑤ 적극 긍정	0	0	29	5.8	+5.8			
비록 실수를 하더라도 즐기면서 사색적이다.	교사	① 적극 부정	104	21.3	0	0	-21.3	+1.54	+1.395	35.400
		② 부정	243	49.8	32	6.6	-43.2			
		③ 보통	132	27.0	198	40.6	+13.6			
		④ 긍정	9	1.8	176	36.1	+34.3			
		⑤ 적극 긍정	0	0	82	16.8	+16.8			
	학부모	① 적극 부정	40	8.0	0	0	-8.0	+1.25		
		② 부정	253	50.5	20	4.0	-46.5			
		③ 보통	161	32.1	191	38.1	+6.1			
		④ 긍정	47	9.4	219	43.7	+34.3			
		⑤ 적극 긍정	0	0	71	14.2	14.2			
많은 지적인 유희를 즐기고 있음을 나타내 보인다.	교사	① 적극 부정	78	16.0	0	0	-16.0	+1.74	+1.70	45.304
		② 부정	321	65.8	29	5.9	-59.9			
		③ 보통	82	16.8	115	23.6	+6.8			
		④ 긍정	7	1.4	278	57.0	+55.6			
		⑤ 적극 긍정	0	0	66	13.5	+13.5			
	학부모	① 적극 부정	58	11.6	0	0	-11.6	+1.66		
		② 부정	336	67.1	22	4.4	-62.7			
		③ 보통	94	18.8	109	21.8	+3.0			
		④ 긍정	12	2.4	321	64.1	+61.7			
		⑤ 적극 긍정	1	0.2	49	9.8	+9.6			

문항	집단	항목	1차		2차		증감 2차-1차%	집단 2차-1차 평균	전체 평균 %	두 모집단 평균 차이 검증(t)
			N	%	N	%				
다른 사람들 에게는 우습지도 않은 상황에서도 유머를 한다.	교사	① 적극 부정	77	15.8	0	0	-15.8	+1.46	+1.355	37.338
		② 부정	278	57.0	20	4.1	-52.9			
		③ 보통	132	27.0	218	44.7	+17.7			
		④ 긍정	1	0.2	198	40.6	+40.4			
		⑤ 적극 긍정	0	0	52	10.7	+10.7			
	학부모	① 적극 부정	64	12.8	0	0	-12.8	+1.25		
		② 부정	266	53.1	23	4.6	-48.5			
		③ 보통	162	32.3	249	49.7	+17.4			
		④ 긍정	9	1.8	193	38.5	+36.7			
		⑤ 적극 긍정	0	0	36	7.2	+7.2			
자신의 충동을 특이하게 의식하며 스스로의 불합리에 더욱 노출되어 있다.	교사	① 적극 부정	86	17.6	0	0	-17.6	+1.55	+1.45	39.013
		② 부정	300	61.5	28	5.7	-55.8			
		③ 보통	102	20.9	180	36.9	+16.0			
		④ 긍정	0	0	249	51.0	+51.0			
		⑤ 적극 긍정	0	0	31	6.4	+6.4			
	학부모	① 적극 부정	27	5.4	0	0	-5.4	+1.35		
		② 부정	328	65.5	39	7.8	-57.7			
		③ 보통	117	23.4	127	25.3	+1.9			
		④ 긍정	29	5.8	305	60.9	+55.1			
		⑤ 적극 긍정	0	0	30	6.0	+6.0			
아름다움에 대해서 민감하며, 깊이 있는 관찰을 한다.	교사	① 적극 부정	133	27.3	0	0	-27.3	+1.61	+1.46	55.657
		② 부정	232	47.5	18	3.7	-43.8			
		③ 보통	120	24.6	210	43.0	+18.4			
		④ 긍정	3	0.6	209	42.8	+42.2			
		⑤ 적극 긍정	0	0	51	10.5	+10.5			
	학부모	① 적극 부정	62	12.4	0	0	-12.4	+1.31		
		② 부정	251	50.1	14	2.8	-47.3			
		③ 보통	135	26.9	176	35.1	+8.2			
		④ 긍정	53	10.6	271	54.1	+43.5			
		⑤ 적극 긍정	0	0	40	8.0	+8.0			

문항	집단	항목	1차		2차		증감 2차-1차%	집단 2차-1차 평균	전체 평균 %	두 모집단 평균 차이 검증(t)
			N	%	N	%				
특이하다는데 대해서 불안해하지 않는다.	교사	① 적극 부정	110	22.5	0	0	-22.5	+1.44	+1.365	44.946
		② 부정	229	46.9	23	4.7	-42.2			
		③ 보통	147	30.1	236	48.4	+18.3			
		④ 긍정	2	0.4	182	37.3	+36.9			
		⑤ 적극 긍정	0	0	47	9.6	+9.6			
	학부모	① 적극 부정	96	19.2	0	0	-19.2	+1.29		
		② 부정	204	40.7	27	5.4	-35.3			
		③ 보통	190	37.9	222	44.3	+6.4			
		④ 긍정	11	2.2	215	42.9	+0.7			
		⑤ 적극 긍정	0	0	37	7.4	+7.4			
권위자의 발표를 그대로 받아들이려 하지 않는다.	교사	① 적극 부정	93	19.1	0	0	-19.1	+1.16	+1.14	17.104
		② 부정	236	48.4	101	20.7	-27.7			
		③ 보통	147	30.1	187	38.3	+8.2			
		④ 긍정	12	2.5	143	29.3	+26.8			
		⑤ 적극 긍정	0	0	57	11.7	+11.7			
	학부모	① 적극 부정	69	13.8	0	0	-13.8	+1.12		
		② 부정	259	51.7	76	15.2	-36.5			
		③ 보통	161	32.1	218	43.5	+11.4			
		④ 긍정	12	2.4	164	32.7	+30.3			
		⑤ 적극 긍정	0	0	43	8.6	+8.6			

변화를 보면, "끊임없이 질문"은 1.085, "현명한 대답을 제시"는 1.17, "과격하고 활발하며 집요"는 1.28, "즐기면서 사색적이다."는 1.395, "지적인 유희를 즐기고 있음"은 1.70, "우습지도 않은 상황에서도 유머를 한다."는 1.355, "자신의 충동을 특이하게 의식"은 1.45, "깊이 있는 관찰을 한다."는 1.46, "불안해하지 않는다."는 1.365, "권위자의 발표를 그대로 받아들이려 하지 않는다."는 1.14가 향상되었다.

<표 19>에서 보는 바와 같이 아동의 창의적 특성 영역의 '모든 것

에 관하여 끊임없이 질문을 하려 든다.'는 문항을 포함한 10개 문항 모두 두 집단의 전·후 인식의 평균차이 검증(t) 결과 유의차가 발견 되지 않았다.

한편 아동의 영재성 향상 프로그램 투입 전·후의 창의적 특성에 대한 교사와 학부모의 인식점수 평균을 종합적으로 비교해 보면 다 음과 같다.

〈표 19-1〉 아동의 창의적 특성에 대한 교사와 학부모의 전·후 인식평균 비교

영역	집단평균		총평균	두 모집단 총평균 차이 검증(t)
창의적 특성	교사	+1.382	+1.340	40.520
	학부모	+1.298		

<표 19-1>에서 보는 바와 같이 아동의 영재성 계발 프로그램 투입 전·후의 창의적 특성에 대한 교사와 학부모의 인식점수 차이 평균 은 교사가 +1.382, 학부모가 +1.298, 그 총평균은 +1.340으로 나타났 으며 집단간 유의차는 없었다.

4. 아동의 리더십 특성에 대한 교사와 학부모의 전·후 인식 비교

아동의 영재성 계발 프로그램 투입 전·후의 리더십 특성에 대한 교사와 학부모의 반응 결과를 비교해 보면 다음과 같다.

<표 20> 아동의 리더십 특성에 대한 교사와 학부모의 전·후 인식

문항	집단	항목	1차		2차		증감 2차-1차%	집단 2차-1차 평균	전체 평균 %	두 모집단 평균 차이 검증(t)
			N	%	N	%				
반드시 해 낸다고 믿 을 수 있으 며 그것을 잘 해낸다.	교 사	① 적극 부정	131	26.8	0	0	-26.8	+1.34	+1.31	48.323
		② 부정	233	47.7	38	7.8	-39.9			
		③ 보통	123	25.2	279	57.2	-32.0			
		④ 긍정	1	0.2	150	30.7	+30.5			
		⑤ 적극 긍정	0	0	21	4.3	+4.3			
	학 부 모	① 적극 부정	116	23.2	0	0	-23.2	+1.28		
		② 부정	227	45.3	26	5.2	+40.1			
		③ 보통	153	30.5	291	58.1	+27.6			
		④ 긍정	4	0.8	153	30.5	+29.7			
		⑤ 적극 긍정	1	0.2	31	6.2	+6.0			
어른은 물 론 자기 또 래 친구들 에게 자신 만만하다.	교 사	① 적극 부정	70	14.3	0	0	-14.3	+1.40	+1.355	45.922
		② 부정	298	61.1	24	4.9	-56.2			
		③ 보통	120	24.6	218	44.7	+20.1			
		④ 긍정	0	0	223	45.7	+45.7			
		⑤ 적극 긍정	0	0	23	4.7	+4.7			
	학 부 모	① 적극 부정	66	13.2	0	0	-13.2	+1.31		
		② 부정	267	53.3	16	3.2	-50.1			
		③ 보통	168	33.5	229	45.7	+12.2			
		④ 긍정	0	0	238	47.5	+47.5			
		⑤ 적극 긍정	0	0	18	3.6	+3.6			
모둠을 같 이 하고 싶 어 하는 등 매우 좋아 한다.	교 사	① 적극 부정	90	18.4	0	0	-18.4	+1.53	+1.575	54.641
		② 부정	307	62.9	13	2.7	-60.2			
		③ 보통	91	18.6	235	48.2	+29.6			
		④ 긍정	0	0	208	42.6	+42.6			
		⑤ 적극 긍정	0	0	32	6.6	+6.6			
	학 부 모	① 적극 부정	118	23.6	0	0	-23.6	+1.62		
		② 부정	288	57.5	2	0.4	-57.1			
		③ 보통	95	19.0	242	48.3	+29.3			
		④ 긍정	0	0	227	45.3	+45.3			
		⑤ 적극 긍정	0	0	30	6.0	+6.0			

문항	집단	항목	1차		2차		증감 2차-1차%	집단 2차-1차 평균	전체 평균 %	두 모집단 평균 차이 검증(t)
			N	%	N	%				
말 다 툼 을 피하려 하 며 일반적 으로 쉽게 어울린다.	교사	① 적극 부정	143	29.3	0	0	-29.3	+1.84	+1.835	37.117
		② 부정	280	57.4	41	8.4	-49.0			
		③ 보통	59	12.1	157	32.2	+20.1			
		④ 긍정	6	1.2	204	41.8	+40.6			
		⑤ 적극 긍정	0	0	86	17.6	+17.6			
	학부모	① 적극 부정	138	27.5	0	0	-27.5	+1.83		
		② 부정	304	60.7	19	3.8	-56.9			
		③ 보통	57	11.4	196	39.1	+27.7			
		④ 긍정	2	0.4	214	42.7	+42.3			
		⑤ 적극 긍정	0	0	72	14.4	+14.4			
유창한 언 어 능력을 구 사 하 며 대개 잘 이 해 되 어 진 다.	교사	① 적극 부정	77	15.8	0	0	-15.8	+1.75	+1.72	37.345
		② 부정	325	66.6	36	7.4	-59.2			
		③ 보통	80	16.4	114	23.4	+7.0			
		④ 긍정	6	1.2	260	53.3	+52.1			
		⑤ 적극 긍정	0	0	78	16.0	+16.0			
	학부모	① 적극 부정	63	12.6	0	0	-12.6	+1.69		
		② 부정	337	67.3	24	4.8	-62.5			
		③ 보통	99	19.8	112	22.4	+2.6			
		④ 긍정	2	0.4	318	63.5	+63.1			
		⑤ 적극 긍정	0	0	47	9.4	+9.4			
일 상 과 정 이 변화되 었을 때에 도 혼란되 지 않는다.	교사	① 적극 부정	97	13.7	0	0	-13.7	+1.62	+1.565	6.477
		② 부정	329	67.4	22	4.5	-62.9			
		③ 보통	92	18.9	200	41.0	+22.1			
		④ 긍정	0	0	207	42.4	+42.4			
		⑤ 적극 긍정	0	0	59	12.1	+12.1			
	학부모	① 적극 부정	113	22.6	0	0	-22.6	+1.51		
		② 부정	269	53.7	24	4.8	-48.9			
		③ 보통	116	23.2	256	51.1	+27.9			
		④ 긍정	3	0.6	190	37.9	+37.3			
		⑤ 적극 긍정	0	0	31	6.2	+6.2			

문항	집단	항목	1차		2차		증감 2차-1차%	집단 2차-1차 평균	전체 평균 %	두 모집단 평균 차이 검증(t)
			N	%	N	%				
사교적이며 혼자이기를 바라지 않는다.	교사	① 적극 부정	67	13.7	0	0	-13.7	+1.53	+1.495	20.437
		② 부정	329	67.4	41	8.4	-59.0			
		③ 보통	92	18.9	159	32.6	+13.7			
		④ 긍정	0	0	252	51.6	+51.6			
		⑤ 적극 긍정	0	0	36	7.4	+7.4			
	학부모	① 적극 부정	27	5.4	0	0	-5.4	+1.46		
		② 부정	360	71.9	45	9.0	-62.9			
		③ 보통	114	22.8	123	24.6	+1.8			
		④ 긍정	0	0	304	60.7	+60.7			
		⑤ 적극 긍정	0	0	29	5.8	+5.8			
남들과 함께 있을 때 그들을 지배하려는 경향이 있다.	교사	① 적극 부정	101	20.7	0	0	-20.7	+1.65	+1.585	47.424
		② 부정	267	54.7	17	3.5	-51.2			
		③ 보통	120	24.6	171	35.0	+10.4			
		④ 긍정	0	0	245	50.2	+50.2			
		⑤ 적극 긍정	0	0	55	11.3	+11.3			
	학부모	① 적극 부정	65	13.0	0	0	-13.0	+1.52		
		② 부정	306	61.1	14	2.8	-58.3			
		③ 보통	130	25.9	182	36.3	+10.4			
		④ 긍정	0	0	270	53.9	+53.9			
		⑤ 적극 긍정	0	0	35	7.0	+7.0			
단체생활과 관련된 대부분의 사회적 활동에 참가한다.	교사	① 적극 부정	153	31.4	0	0	-31.4	+1.63	+1.63	49.806
		② 부정	246	50.4	33	6.8	-43.6			
		③ 보통	89	18.2	222	45.5	+27.3			
		④ 긍정	0	0	191	39.1	+39.1			
		⑤ 적극 긍정	0	0	42	8.6	+8.6			
	학부모	① 적극 부정	182	36.3	0	0	-36.3	+1.63		
		② 부정	202	40.3	28	5.6	-34.7			
		③ 보통	114	22.8	225	44.9	+22.1			
		④ 긍정	3	0.6	211	42.1	+41.5			
		⑤ 적극 긍정	0	0	37	7.4	+7.4			

문항	집단	항목	1차		2차		증감 2차-1차%	집단 2차-1차 평균	전체 평균 %	두 모집단 평균 차이 검증(t)
			N	%	N	%				
팀 활성에 잘 협조해 나가며 모든 운동 경기를 즐긴다.	교사	① 적극 부정	130	26.6	0	0	-26.6	+1.31	+1.325	24.685
		② 부정	233	47.7	92	18.9	-28.8			
		③ 보통	113	23.2	196	40.2	+17.0			
		④ 긍정	12	2.5	150	30.7	+28.2			
		⑤ 적극 긍정	0	0	50	10.2	+10.2			
	학부모	① 적극 부정	121	24.2	0	0	-24.2	+1.34		
		② 부정	263	52.5	81	16.2	-36.3			
		③ 보통	113	22.6	211	42.1	+19.5			
		④ 긍정	4	0.8	167	33.3	+32.5			
		⑤ 적극 긍정	0	0	42	8.4	+8.4			

변화를 보면, "반드시 해낸다고 믿는다."는 1.31, "또래 친구들에게 자신만만하다."는 1.355, "모둠을 같이 하고 싶어"는 1.575, "말다툼을 피하려"는 1.835, "유창한 언어 능력을 구사"는 1.72, "변화되었을 때에도 혼란되지 않는다."는 1.565, "사교적이다."는 1.495, "지배하려는 경향이 있다."는 1.585, "사회적 활동에 참가한다."는 1.63, "팀 활성에 잘 협조"는 1.325가 향상되었다.

<표 20>에서 보는 바와 같이 아동의 리더십 특성 영역의 '반드시 해 낸다고 믿을 수 있으며 그 것을 잘 해 낸다.'는 문항을 포함한 10개 문항 모두, 두 집단간 전·후 인식의 평균차이 검증(t) 결과 유의차가 발견되지 않았다

한편 아동의 영재성 계발 프로그램 투입 전·후의 리더십 특성에 대한 교사와 학부모의 인식점수 결과 평균을 종합적으로 비교해 보면 다음과 같다.

<표 20-1> 아동의 리더십 특성에 대한 교사와 학부모의 전·후 인식 평균 비교

영역	집단평균		총평균	두 모집단 총평균 차이 검증(t)
리더십 특성	교사	+1.560	+1.5395	37.220
	학부모	+1.519		

<표 20-1>에서 보는 바와 같이 아동의 영재성 계발 프로그램 투입 전·후의 리더십 특성에 대한 교사와 학부모의 인식점수 차이 평균은 교사가 +1.560, 학부모가 +1.519, 총 평균은 +1.5395로 나타났으며 집단간 유의차는 없었다.

5. 아동의 예술적 특성에 대한 교사와 학부모의 전·후 인식 비교

아동의 영재성 계발 프로그램 투입 전·후의 예술적 특성에 대한 교사와 학부모의 반응 결과를 비교해 보면 다음과 같다.

<표 21> 아동의 예술적 특성에 대한 교사와 학부모의 전·후 인식

문항	집단	항목	1차		2차		증감 2차-1차%	집단 2차-1차평균	전체 평균 %	두 모집단 평균 차이 검증(t)
			N	%	N	%				
아이 디어를 시각적으로 표현하려고 열망한다.	교사	① 적극 부정	175	35.8	0	0	-35.8	+1.15	+1.095	32.784
		② 부정	230	47.0	125	25.6	-21.4			
		③ 보통	83	17.0	279	57.2	+40.2			
		④ 긍정	1	0.2	62	12.7	+12.5			
		⑤ 적극 긍정	0	0	22	4.5	+4.5			
	학부모	① 적극 부정	56	11.2	0	0	-11.2	+1.04		
		② 부정	223	44.5	24	4.8	-39.7			
		③ 보통	218	43.5	294	58.7	+15.2			
		④ 긍정	3	0.6	152	30.3	+29.7			
		⑤ 적극 긍정	0	0	31	6.2	+6.2			

문항	집단	항목	1차		2차		증감 2차-1차%	집단 2차-1차평균	전체 평균 %	두 모집단 평균 차이 검증(t)
			N	%	N	%				
많은 요소들을 예술작품에 조화시킨다.	교사	① 적극 부정	141	28.8	0	0	-28.8	+1.42	+1.30	33.733
		② 부정	293	59.9	86	17.6	-42.3			
		③ 보통	55	11.2	221	45.3	+34.1			
		④ 긍정	0	0	157	32.2	+32.2			
		⑤ 적극 긍정	0	0	24	4.9	+4.9			
	학부모	① 적극 부정	38	7.6	0	0	-7.6	+1.18		
		② 부정	267	53.3	15	3.0	-50.3			
		③ 보통	196	39.1	236	47.1	+8.0			
		④ 긍정	0	0	236	47.1	+47.1			
		⑤ 적극 긍정	0	0	14	2.8	+2.8			
관습적인 것에 반대되는 독창적인 해결책에 도달한다.	교사	① 적극 부정	135	27.6	0	0	-27.6	+1.30	+1.39	46.343
		② 부정	291	59.5	111	22.7	-36.8			
		③ 보통	63	12.9	224	45.9	+33.0			
		④ 긍정	0	0	123	25.2	+25.2			
		⑤ 적극 긍정	0	0	30	6.1	+6.1			
	학부모	① 적극 부정	119	23.8	0	0	-23.8	+1.48		
		② 부정	249	49.7	2	0.4	-49.3			
		③ 보통	133	26.5	257	51.3	+24.8			
		④ 긍정	0	0	228	45.5	+45.5			
		⑤ 적극 긍정	0	0	14	2.8	+2.8			
대화를 나누거나 그림을 그리면서 설명을 시도한다.	교사	① 적극 부정	167	34.2	0	0	-34.2	+1.59	+1.54	24.523
		② 부정	270	55.2	116	23.8	-31.4			
		③ 보통	48	9.8	159	32.6	+22.8			
		④ 긍정	4	0.8	134	27.5	+26.7			
		⑤ 적극 긍정	0	0	79	16.2	+16.2			
	학부모	① 적극 부정	89	17.8	0	0	-17.8	+1.49		
		② 부정	255	50.9	25	5.0	-45.9			
		③ 보통	155	30.9	201	40.1	+9.2			
		④ 긍정	2	0.4	209	41.7	+41.3			
		⑤ 적극 긍정	0	0	66	13.2	+13.2			

문항	집단	항목	1차		2차		증감 2차-1차%	집단 2차-1차평균	전체 평균 %	두 모집단 평균 차이 검증(t)
			N	%	N	%				
여러 가지 자료와 기법을 이용해서 실험 한다.	교사	① 적극 부정	97	19.8	0	0	-19.8	+1.25	+1.49	20.877
		② 부정	327	66.9	172	35.2	-31.7			
		③ 보통	61	12.5	115	23.6	+11.1			
		④ 긍정	4	0.8	137	28.1	+20.1			
		⑤ 적극 긍정	0	0	64	13.1	+13.1			
	학부모	① 적극 부정	78	15.6	0	0	-15.6	+1.73		
		② 부정	330	65.9	25	5.0	-60.9			
		③ 보통	90	18.0	114	22.8	+4.8			
		④ 긍정	2	0.4	313	62.5	+62.1			
		⑤ 적극 긍정	1	0.2	49	9.8	+9.6			
그리기, 만들기 등 예술 매체를 선택하는 경향이 있다.	교사	① 적극 부정	154	31.5	0	0	-31.5	+1.49	+1.39	28.899
		② 부정	287	58.7	98	20.1	-38.6			
		③ 보통	48	9.8	214	43.9	+34.1			
		④ 긍정	0	0	122	25.0	+25.0			
		⑤ 적극 긍정	0	0	54	11.1	+11.1			
	학부모	① 적극 부정	81	16.2	0	0	-16.2	+1.29		
		② 부정	264	52.7	24	4.8	-47.9			
		③ 보통	154	30.7	262	52.3	+21.6			
		④ 긍정	2	0.4	187	37.3	+36.9			
		⑤ 적극 긍정	0	0	28	5.6	+5.6			
신기로움을 파악하고 다른 사람이 못 보는 것을 본다.	교사	① 적극 부정	101	20.7	0	0	-20.7	+1.21	+1.355	14.004
		② 부정	331	67.7	159	32.6	-35.1			
		③ 보통	57	11.7	155	31.8	+20.1			
		④ 긍정	0	0	130	26.6	+26.6			
		⑤ 적극 긍정	0	0	44	9.0	+9.0			
	학부모	① 적극 부정	65	13.0	0	0	-13.0	+1.50		
		② 부정	324	64.7	49	9.8	-54.9			
		③ 보통	112	22.4	125	25.0	+2.6			
		④ 긍정	0	0	307	61.3	+61.3			
		⑤ 적극 긍정	0	0	20	4.0	+4.0			

| 문항 | 집단 | 항목 | 1차 | | 2차 | | 증감 | 집단 | 전체 | 두 모집단 |
			N	%	N	%	2차-1차%	2차-1차평균	평균 %	평균 차이 검증(t)
기발한 아이디어로 생산해 내고 상대를 설득하기도 한다.	교사	① 적극 부정	142	29.0	0	0	-29.0	+1.33	+1.47	36.675
		② 부정	262	53.6	134	27.5	-26.1			
		③ 보통	85	1/.4	164	33.6	l 16.2			
		④ 긍정	0	0	143	29.3	+29.3			
		⑤ 적극 긍정	0	0	47	9.6	+9.6			
	학부모	① 적극 부정	123	24.6	0	0	-24.6	+1.61		
		② 부정	247	49.3	14	2.8	-46.5			
		③ 보통	131	26.1	190	37.9	+11.8			
		④ 긍정	0	0	262	52.3	+52.3			
		⑤ 적극 긍정	0	0	35	7.0	+7.0			
작업을 세련되게 하기 위해 때때로 창작물을 재생산한다.	교사	① 적극 부정	205	41.9	0	0	-41.9	+1.57	+1.45	37.000
		② 부정	238	48.7	90	18.4	-30.3			
		③ 보통	46	9.4	230	47.1	+37.7			
		④ 긍정	0	0	128	26.2	+26.2			
		⑤ 적극 긍정	0	0	40	8.2	+8.2			
	학부모	① 적극 부정	118	23.6	0	0	-23.6	+1.33		
		② 부정	199	39.7	33	6.6	-33.1			
		③ 보통	182	36.3	230	45.9	+9.6			
		④ 긍정	2	0.4	207	41.3	+40.9			
		⑤ 적극 긍정	0	0	31	6.2	+6.2			
토의하거나 연구하는 데 시간을 보내는 등 관심을 나타낸다.	교사	① 적극 부정	188	38.4	0	0	-38.4	+1.30	+1.245	17.989
		② 부정	246	50.3	164	33.6	-16.7			
		③ 보통	44	9.0	188	38.5	+29.5			
		④ 긍정	11	2.2	84	17.2	+15.0			
		⑤ 적극 긍정	0	0	52	10.7	+10.7			
	학부모	① 적극 부정	84	16.8	0	0	-16.8	+1.19		
		② 부정	251	50.1	74	14.8	-35.3			
		③ 보통	161	32.1	219	43.7	+11.6			
		④ 긍정	5	1.0	164	32.7	+31.7			
		⑤ 적극 긍정	0	0	44	8.8	+8.8			

변화를 보면, "아이디어를 다양하게 표현하려고 열망한다."는 1.095,

"많은 요소들을 예술작품에 조화시킨다."는 1.30, "독창적인 해결책에 도달한다."는 1.39, "그림을 그리면서 설명을 시도한다."는 1.54, "다양한 실험을 즐긴다."는 1.49, "예술 매체를 선택하는 경향이 있다."는 1.39, "신기로움을 파악한다."는 1.355, "기발한 아이디어 생산"은 1.47, "창작물을 재생산한다."는 1.45, "토의하거나 연구하는데 시간을 보낸다."는 1.245가 향상되었다.

<표 21>에서 보는 바와 같이 아동의 예술적 특성 영역의 '아이디어를 시각적으로 표현하려고 열망한다.'는 문항을 포함한 10개 문항 모두, 두 집단간 전·후 인식의 평균차이 검증(t) 결과 유의차가 발견되지 않았다

한편 아동의 영재성 계발 프로그램 투입 전·후의 예술적 특성에 대한 교사와 학부모의 인식점수 결과 평균을 종합적으로 비교해 보면 다음과 같다.

〈표 21-1〉 아동의 예술적 특성에 대한 교사와 학부모의 전·후 인식 평균 비교

영역	집단평균		총평균	두 모집단 총평균 차이 검증(t)
예술적 특성	교사	+1.361	+1.3725	29.280
	학부모	+1.384		

<표 21-1>에서 보는 바와 같이 아동의 영재성 계발 프로그램 투입 전·후의 예술적 특성에 대한 교사와 학부모의 인식점수 차이 평균은 교사가 +1.361, 학부모가 +1.384%, 총 평균은 +1.3725로 나타났으며 집단간 유의차는 없었다.

6. 아동의 유머 및 행동 특성에 대한 교사와 학부모 전·후 인식 비교

아동의 영재성 계발 프로그램 투입 전·후의 유머 및 행동 특성에 대한 교사와 학부모의 반응 결과를 비교해 보면 다음과 같다.

〈표 22〉 아동의 유머 및 행동 특성에 대한 교사와 학부모의 전·후 인식

문항	집단	항목	1차		2차		증감 2차-1차%	집단 2차-1차 평균	전체 평균 %	두 모집단 평균 차이 검증(t)
			N	%	N	%				
빠른 속도로 적응을 하면서 성실하게 연습을 한다.	교사	① 적극 부정	121	24.8	0	0	-24.8	+1.08	+1.025	16.543
		② 부정	241	49.4	126	25.5	-23.9			
		③ 보통	126	25.8	209	42.2	+16.4			
		④ 긍정	0	0	134	27.1	+27.1			
		⑤ 적극 긍정	0	0	19	3.8	+3.8			
	학부모	① 적극 부정	116	23.2	0	0	-23.2	+0.97		
		② 부정	226	45.1	168	33.5	-11.6			
		③ 보통	154	30.7	160	31.9	+1.2			
		④ 긍정	3	0.6	147	29.3	+28.7			
		⑤ 적극 긍정	2	0.4	26	5.2	+4.8			
이야기를 쉽게 하고 경험을 쉽게 전달하며 틈틈이 연습을 한다.	교사	① 적극 부정	74	15.2	0	0	-15.2	+1.17	+1.065	7.542
		② 부정	284	58.2	89	18.0	-40.2			
		③ 보통	130	26.6	197	39.8	+13.2			
		④ 긍정	0	0	176	35.6	+35.6			
		⑤ 적극 긍정	0	0	26	5.3	+5.3			
	학부모	① 적극 부정	64	12.8	0	0	-12.8	+0.96		
		② 부정	269	53.7	169	33.7	-20.0			
		③ 보통	167	33.3	90	18.0	-15.3			
		④ 긍정	1	0.2	230	45.9	+45.7			
		⑤ 적극 긍정	0	0	12	2.4	+2.4			

문항	집단	항목	1차		2차		증감 2차-1차%	집단 2차-1차 평균	전체 평균 %	두 모집단 평균 차이 검증(t)
			N	%	N	%				
얼굴 표정을 효과적으로 사용하며 다양하게 표현한다.	교사	① 적극 부정	100	20.5	0	0	-20.5	+1.18	+1.245	17.171
		② 부정	287	58.8	119	24.0	-34.8			
		③ 보통	101	20.7	194	39.2	+18.5			
		④ 긍정	0	0	144	29.1	+29.1			
		⑤ 적극 긍정	0	0	31	6.3	+6.3			
	학부모	① 적극 부정	118	23.6	0	0	-23.6	+1.31		
		② 부정	292	58.3	101	20.2	-38.1			
		③ 보통	90	18.0	188	37.5	+19.5			
		④ 긍정	1	0.2	198	39.5	+39.3			
		⑤ 적극 긍정	0	0	14	2.8	+2.8			
즉흥 연기, 연출에 유능하고 창의적인 아이디어를 낸다.	교사	① 적극 부정	140	28.7	0	0	-28.7	+1.68	+1.62	7.058
		② 부정	285	58.4	121	24.4	-34.0			
		③ 보통	58	11.9	84	17.0	+5.1			
		④ 긍정	5	1.0	187	37.8	+36.8			
		⑤ 적극 긍정	0	0	96	19.4	+19.4			
	학부모	① 적극 부정	139	27.7	0	0	-27.7	+1.56		
		② 부정	309	61.7	146	29.1	-32.6			
		③ 보통	51	10.2	84	16.8	+6.6			
		④ 긍정	1	0.2	199	39.7	+39.5			
		⑤ 적극 긍정	1	0.2	72	14.4	+14.2			
웃기면서 상대의 생각을 유도하고 더 좋은 아이디어를 찾는다.	교사	① 적극 부정	88	18.0	0	0	-18.0	+1.19	+1.385	8.409
		② 부정	308	63.1	173	34.9	-28.2			
		③ 보통	86	17.6	101	20.4	+2.8			
		④ 긍정	6	1.2	154	31.1	+29.9			
		⑤ 적극 긍정	0	0	60	12.1	+12.1			
	학부모	① 적극 부정	66	13.2	0	0	-13.2	+1.58		
		② 부정	338	67.5	57	11.4	-56.1			
		③ 보통	95	19.0	114	22.8	+3.8			
		④ 긍정	1	0.2	280	55.9	+55.7			
		⑤ 적극 긍정	1	0.2	50	10.0	+9.8			

문항	집단	항목	1차		2차		증감 2차-1차%	집단 2차-1차 평균	전체 평균 %	두 모집단 평균 차이 검증(t)
			N	%	N	%				
주위를 웃기고, 관심 있는 대상에 적극적이다.	교사	① 적극 부정	98	20.1	0	0	-20.1	+1.28	+1.195	10.184
		② 부정	277	56.8	103	20.8	-36.0			
		③ 보통	113	23.2	191	30.6	+15.4			
		④ 긍정	0	0	134	27.1	+27.1			
		⑤ 적극 긍정	0	0	60	12.1	+12.1			
	학부모	① 적극 부정	111	22.2	0	0	-22.2	+1.11		
		② 부정	270	53.9	160	31.9	-22.0			
		③ 보통	116	23.2	138	27.5	+4.3			
		④ 긍정	3	0.6	180	35.9	+35.3			
		⑤ 적극 긍정	1	0.2	23	4.6	+4.4			
대중 앞에서 더 발전된 모습으로 발표하기를 좋아한다.	교사	① 적극 부정	71	14.5	0	0	-14.5	+1.01	+1.12	6.530
		② 부정	321	65.8	166	33.5	-32.3			
		③ 보통	96	19.7	152	30.7	+11.0			
		④ 긍정	0	0	145	29.3	+29.3			
		⑤ 적극 긍정	0	0	25	5.1	+5.1			
	학부모	① 적극 부정	27	5.4	0	0	-5.4	+1.23		
		② 부정	354	70.7	108	21.6	-49.1			
		③ 보통	119	23.8	105	21.0	-2.8			
		④ 긍정	1	0.2	264	52.7	+52.5			
		⑤ 적극 긍정	0	0	24	4.8	+4.8			
유머 시간을 즐기며 틈만 있으면 대화를 시도하고 웃긴다.	교사	① 적극 부정	98	20.1	0	0	-20.1	+1.15	+1.245	8.842
		② 부정	265	54.3	137	27.7	-26.6			
		③ 보통	125	25.6	166	33.5	+7.9			
		④ 긍정	0	0	130	26.3	+26.3			
		⑤ 적극 긍정	0	0	55	11.1	+11.1			
	학부모	① 적극 부정	64	12.8	0	0	-12.8	+1.34		
		② 부정	307	61.3	86	17.2	-44.1			
		③ 보통	129	25.7	127	25.3	-0.4			
		④ 긍정	1	0.2	253	50.5	+50.3			
		⑤ 적극 긍정	0	0	35	7.0	+7.0			

문항	집단	항목	1차		2차		증감 2차-1차%	집단 2차-1차 평균	전체 평균 %	두 모집단 평균 차이 검증(t)
			N	%	N	%				
향상된 유머를 시도하거나 친구들을 참여 시킨다.	교사	① 적극 부정	165	33.8	0	0	-33.8	+1.51	+1.405	7.145
		② 부정	233	47.7	96	19.4	-28.3			
		③ 보통	90	18.4	161	32.5	+14.1			
		④ 긍정	0	0	192	38.8	+38.8			
		⑤ 적극 긍정	0	0	39	7.9	+7.9			
	학부모	① 적극 부정	176	35.1	0	0	-35.1	+1.30		
		② 부정	207	41.3	188	37.5	-3.8			
		③ 보통	114	22.8	83	16.6	-6.2			
		④ 긍정	3	0.6	203	40.5	+39.9			
		⑤ 적극 긍정	1	0.2	27	5.4	+5.2			
유머에 사용할 자료를 창의적으로 계발한다.	교사	① 적극 부정	128	26.2	0	0	-26.2	+1.09	+1.055	4.509
		② 부정	242	49.6	176	35.6	-14.0			
		③ 보통	110	22.5	154	31.1	+8.6			
		④ 긍정	8	1.6	95	19.2	+17.6			
		⑤ 적극 긍정	0	0	63	12.7	+12.7			
	학부모	① 적극 부정	116	23.2	0	0	-23.2	+1.02		
		② 부정	259	51.7	222	44.3	-7.4			
		③ 보통	119	23.8	74	14.8	-9.0			
		④ 긍정	6	1.2	164	32.7	+31.5			
		⑤ 적극 긍정	1	0.2	41	8.2	+8.0			

변화를 살펴보면, "빠른 속도로 적응"은 1.025, "틈틈이 유머 연습을 한다."는 1.065, "표정을 효과적으로 사용하며 다양하게 표현한다."는 1.245, "창의적인 아이디어를 낸다."는 1.62, "좋은 아이디어를 찾는다."는 1.385, "관심 있는 대상에 적극적이다."는 1.195, "발전된 모습으로 발표하기를 좋아한다."는 1.12, "유머 시간을 즐긴다."는 1.245, "향상된 유머를 시도한다."는 1.405, "자료를 창의적으로 계발한다."는 1.055가 향상되었다.

<표 22>에서 보는 바와 같이 아동의 유머 및 행동 특성 영역의 '빠른 속도로 적응을 하면서 성실하게 연습을 한다.'는 문항을 포함한 10개 문항 모두, 두 집단 간 전·후 인식의 평균차이 검증(t) 결과 유의차가 발견되지 않았다

한편, 아동의 영재성 계발 프로그램 투입 전·후의 유머 및 행동 특성에 대한 교사와 학부모의 인식점수 평균을 종합적으로 비교해 보면 다음과 같다.

〈표 22-1〉 아동 유머 및 행동 특성에 대한 교사와 학부모의 전·후 인식 평균 비교

영역	집단평균		총평균	두 모집단 총평균 차이 검증(t)
유머 및 행동 특성	교사	+1.234	+1.236	8.090
	학부모	+1.238		

<표 22-1>에서 보는 바와 같이 아동의 영재성 계발 프로그램 투입 전·후의 유머 및 행동 특성에 대한 교사와 학부모의 인식점수 차의 평균은 교사가 +1.234, 학부모가 +1.238, 총 평균은 +1.236로 나타났으며 집단간 유의차는 없었다.

전체적으로 집단별 평균을 비교해 보면 교사는 유머 및 행동 특성<예술적 특성<창의적 특성<동기적 특성<리더십 특성<학습 특성 순으로 나타났고, 교사는 유머 및 행동 특성<창의적 특성<예술적 특성<리더십 특성<동기적 특성<학습 특성 순으로 나타났다.

총평균별로 비교해 보면 교사는 유머 및 행동 특성<창의적 특성<예술적 특성<동기적 특성<리더십 특성<학습 특성 순으로 나타났다.

이상의 분석 결과를 종합해 보면 영재성 계발 프로그램을 일정 기간 적용한 후 아동에 대한 영재성교육 특성화에 대한 교사와 학부모의 수행평가 결과는 거의 같은 수준이라 하겠다.

결론적으로 **"아동에 대한 영재성 계발 프로그램을 투입한 전·후의 교사와 학부모의 영재성 계발에 대한 인식은 차이가 없을 것이다."**라는 영가설[가설 2]이 수용된다. 다시 말해서 아동의 영재성 계발 프로그램의 투입 효과에 대한 교사와 학부모 집단간의 인식에는 차이가 없다 하겠다.

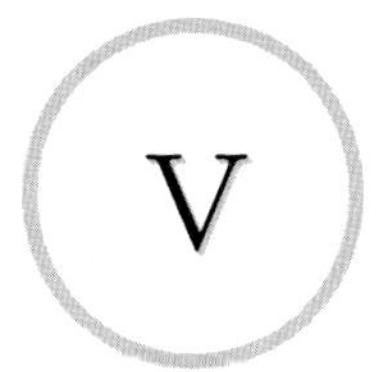

요약, 결론 및 제언

A. 요약 및 결론

본 연구는 초등학교 1, 2학년 아동들의 영재성 특성화 교육을 위해 영재성 계발 프로그램 투입 전·후의 아동 영재성에 대한 교사와 학부모의 인식의 차이를 구명(究明)한 것이다. 이를 위하여 충청남도교육청 후원으로 천안서초등학교에서 제작한 프로그램을 초등학교 교육 현장에서 재량활동 시간에 활용하였다. 이 영재성 계발 프로그램의 적용이 초등학교 저학년에게 얼마나 효과적인지를 교사와 학부모의 설문을 통해 검증하여 학교 현장의 영재성 현황과 재량활동 운영을 위한 영재성 프로그램 내용은 무엇이며, 실험 비교 적용 후 효과 분석과 향후 영재교육 특성화 발전 방향에 관한 준거틀을 제시하고자 하였다.

이러한 연구 목적을 달성하기 위하여 J도에 위치한 초등학교 1, 2학년(9,780명)을 대상으로 담임교사들을 통해 영재성 향상 프로그램

을 재량활동 시간과 아침 자습시간에 1년간 활용하였다. 3월과 10월
에 각각 교사 488명과 학부모 501명이 설문에 응해 주었으며, 수집된
자료는 WINDOWS용 SPSS WIN 12.0 프로그램을 적용하여 빈도, 백
분율, X2검증, t검증 등의 통계적 방법으로 처리하였다.

본 연구를 통해 확인된 아동의 영재성 교육 특성화에 대한 교사와
학부모의 인식 연구 결과는 다음과 같다.

1. 아동의 학습 특성에 대한 교사와 학부모의 인식 사전검사 결과
교사 집단(1.81)이 학부모 집단(1.76)보다 평균이 약간 높게 나타나는
경향을 보이고 있다. 연구 전 집단간에 차이(0.05)가 아주 근소하며 집
단간 평균차이 검증을 한 결과도 5% 유의수준에서 통계적으로 차이
가 없는 것으로 나타났으므로 두 집단의 학습의 특성 출발점은 같다
고 볼 수 있다.
두 모집단 평균 차이 검증(t)을 살펴보면, 어휘력(56.849), 올바른 일
반화 (64.025)등의 변인에서 통계적으로 적합한 결과로 나타났다.

2. 아동의 동기적 특성에 대한 교사와 학부모의 인식 사전검사 결
과 교사 집단(2.14)이 학부모 집단(1.98)보다 평균이 약간 높게 나타났
다. 연구 전 집단간에 차이(0.16)가 아주 근소하며 집단간 평균차이 검
증을 한 결과도 5% 유의수준에서 통계적으로 차이가 없는 것으로 나
타났다. 따라서 두 집단의 동기적 특성 출발점은 같다고 볼 수 있다.
두 모집단 평균 차이 검증(t)을 살펴보면, 열중하면서 끈기(59.098),
창의적 활동(59.581)등의 변인에서 통계적으로 적합한 결과로 나타났다.

3. 아동의 창의적 특성에 대한 교사와 학부모의 인식 사전검사 결과 학부모 집단(2.29)이 교사 집단(2.10) 보다 평균이 약간 높게 나타났다. 연구 전 집단간에 차이(0.19)가 아주 근소하며 집단간 평균차이 검증을 한 결과도 5% 유의수준에서 통계적으로 차이가 없는 것으로 나타났으므로 두 집단의 창의적 특성 출발점은 같다고 볼 수 있다.

또한 두 모집단 평균 차이 검증(t)을 살펴보면, 끊임없는 질문(73.950), 현명한 대답 제시(84.556)등의 변인에서 통계적으로 적합한 결과로 나타났다.

4. 아동의 리더십 특성에 대한 교사와 학부모의 인식 사전검사 결과 학부모 집단(2.03)이 교사 집단(1.99) 보다 평균(0.04)이 약간 높게 나타나는 경향을 보이고 있는 것은 자녀에 대한 관심에서 나온다고 볼 수 있다.

연구 전 두 집단간에 차이(0.04)가 아주 근소하며 집단간 평균차이 검증을 한 결과도 5% 유의수준에서 통계적으로 차이가 없는 것으로 나타났으므로 두 집단의 리더십 특성 출발점은 같다고 볼 수 있다.

두 모집단 평균 차이 검증(t)을 책임감과 약속 이행(61.424), 자신만만하고 욕구에 만족(75.454)등의 변인에서 통계적으로 적합한 결과로 나타났다.

5. 아동의 예술적 특성에 대한 교사와 학부모의 인식 사전검사 결과 학부모 집단(2.14)이 교사 집단(1.81)보다 평균이 약간 높게 나타나는 경향을 보이고 있다. 연구 전 집단간에 차이(0.33)가 아주 근소하며 집단간 평균차이 검증을 한 결과도 5% 유의수준에서 통계적으로 차

이가 없는 것으로 나타났으므로 두 집단의 예술적 특성 출발점은 같다고 볼 수 있다.

두 모집단 평균 차이 검증(t)을 살펴보면 아이디어를 시각적으로 표현(66.970), 예술 작품 내용 변화(75.824)등의 변인에서 통계적으로 적합한 결과로 나타났다.

6. 아동의 유머 및 행동 특성에 대한 교사와 학부모의 인식 사전검사 결과 학부모 집단(2.03)이 교사 집단(1.99)보다 평균이 약간 높게 나타나는 경향을 보이고 있다. 연구 전 집단간에 차이(0.04)가 아주 근소하며 집단간 평균차이 검증을 한 결과도 5% 유의수준에서 통계적으로 차이가 없는 것으로 나타났으므로 두 집단의 유머 및 행동의 특성 출발점은 같다고 볼 수 있다.

두 모집단 평균 차이 검증(t)을 살펴보면 연극을 풍자하는 데 적극 참여 (62.390), 경험 전달 적극 참여(74.711)등의 변인에서 통계적으로 적합한 결과로 나타났다.

7. 아동의 영재성 향상 프로그램 투입 후 학습 특성에 대한 인식은 교사 집단(3.555)이 학부모 집단(3.521)보다 평균이 약간 높게(0.034) 나타나는 경향을 보이고 있다. 연구 후 집단간에 차이(0.034)가 아주 근소하며 집단간 평균차이 검증을 한 결과도 5% 유의수준에서 통계적으로 차이가 없는 것으로 나타났으므로 두 집단의 학습의 특성 평가는 비슷하다고 볼 수 있다.

두 모집단 평균 차이 검증(t)을 살펴보면, 어휘력(108.877), 올바른 일반화 (117.862)등의 변인에서 통계적으로 적합한 결과로 나타났다.

8. 아동의 영재성 향상 프로그램 투입 후 동기적 특성에 대한 인식은 교사 집단(3.528)이 학부모 집단(3.523)보다 평균이 약간 높게 (0.005) 나타나는 경향을 보이고 있다. 연구 후 집단간에 차이(0.005)가 아주 근소하며 집단간 평균차이 검증을 한 결과도 5% 유의수준에서 통계적으로 차이가 없는 것으로 나타났으므로 두 집단의 동기적 특성 수행평가는 비슷하다고 볼 수 있다.

두 모집단 평균 차이 검증(t)을 살펴보면, 열중하면서 끈기(109.011), 창의적 활동(119.523)등의 변인에서 통계적으로 적합한 결과로 나타났다.

9. 아동의 영재성 향상 프로그램 투입 후 창의적 특성에 대한 인식은 학부모 집단(3.563)이 교사 집단(3.540) 보다 평균이 약간 높게 (0.023) 나타나는 경향을 보이고 있다. 연구 후 집단간에 차이(0.023)가 아주 근소하며 집단간 평균차이 검증을 한 결과도 5% 유의수준에서 통계적으로 차이가 없는 것으로 나타났으므로 두 집단의 창의적 특성 관찰은 비슷하다고 볼 수 있다.

두 모집단 평균 차이 검증(t)을 살펴보면, 끊임없는 질문(109.155), 현명한 대답 제시(121.495)등의 변인에서 통계적으로 적합한 결과로 나타났다.

10. 아동의 영재성 향상 프로그램 투입 후 리더십 특성에 대한 인식은 학부모 집단(3.556)이 교사 집단(3.553) 보다 평균이 약간 높게 (0.003) 나타나는 경향을 보이고 있다. 연구 후 집단간에 차이(0.003)가 아주 근소하며 집단간 평균차이 검증을 한 결과도 5% 유의수준에서

통계적으로 차이가 없는 것으로 나타났으므로 두 집단의 리더십 특성 평가는 비슷하다고 볼 수 있다.

두 모집단 평균 차이 검증(t)을 책임감과 약속 이행(109.747), 자신만만하고 욕구에 만족(121.376)등의 변인에서 통계적으로 적합한 결과로 나타났다. 즉 실험 적용 이후의 두 집단의 리더십 특성 인식은 비슷한 수준이어서 객관적인 평가로 간주할 수 있다.

11. 아동의 영재성 향상 프로그램 투입 후 예술적 특성에 대한 인식은 학부모 집단(3.528)이 교사 집단(3.179)보다 평균이 약간 높게(0.349) 나타나는 경향을 보이고 있다. 연구 후 집단간에 차이(0.349)가 아주 근소하며 집단간 평균차이 검증을 한 결과도 5% 유의수준에서 통계적으로 차이가 없는 것으로 나타났으므로 두 집단의 예술적 특성 평가는 비슷하다고 볼 수 있다.

두 모집단 평균 차이 검증(t)을 살펴보면 아이디어를 시각적으로 표현(99.754), 예술 작품 내용 변화(109.557)등의 변인에서 통계적으로 적합한 결과로 나타났다.

12. 아동의 영재성 향상 프로그램 투입 후 유머 및 행동 특성에 대한 인식은 학부모 집단(3.276)이 교사 집단(3.232)보다 평균이 약간 높게(0.044) 나타나는 경향을 보이고 있다. 연구 후 집단간에 차이(0.044)가 아주 근소하며 집단간 평균차이 검증을 한 결과도 5% 유의수준에서 통계적으로 차이가 없는 것으로 나타났다.

두 모집단 평균 차이 검증(t)을 살펴보면 연극을 풍자하는 데 적극 참여(78.933), 경험 전달 적극 참여(82.253)등의 변인에서 통계적으로 적합한 결과로 나타났다.

13. 아동의 영재성 향상 프로그램 투입 전·후의 교사와 학부모의 인식을 비교한 학습 특성의 결과 "탁월한 어휘력."은 (1.57), "주제에 관한 큰 정보 저장소"는 (1.765), "정보 자료의 빠른 이해"는 (1.70), "빠른 통찰력"은 (1.86), "유사점과 차이점을 찾아낸다."는 (1.935), "빈틈없이 관찰해 낸다."는 (1.80), "책을 스스로 읽는다."는 (1.69), "복잡한 자료를 이해하려고 노력한다."는 (1.80), "전문서적 읽기"는 (1.845), "호기심을 갖는다."는 (1.615)가 향상된 것으로 나타났다.

한편 두 집단 간 아동의 영재성 계발 프로그램 투입 전·후의 학습 특성에 대한 교사와 학부모의 인식점수 차이 평균은 교사가 +1.758, 학부모가 +1.757, 총평균은 +1.758로 나타났으며, 집단간 유의차는 없었다.

14. 아동의 영재성 향상 프로그램 투입 전·후의 교사와 학부모의 인식을 비교한 동기적 특성의 결과 "문제에 열중하고 몰두"는 (1.335), "틀에 박힌 일상 과제"는 (1.39), "외적인 동기가 필요 없다."는 (1.375), "쉽게 만족하지 않는다."는 (1.63), "지도를 거의 필요로 하지 않는다."는 (1.58), "어른들의 문제에 관심을 갖는다."는 (1.475), "흔히 자기 주장적이다."는 (1.45), "환경을 조직하고 구조화하기를 좋아한다."는 (1.52), "자주 평가하고 판단을 내린다."는 (1.55), "과제 집착력이 강하다."는 (1.33)이 향상된 것으로 나타났다.

한편 두 집단간 아동의 영재성 계발 프로그램 투입 전·후의 동기적 특성에 대한 교사와 학부모의 인식점수 차이 평균은 교사가

+1.384, 학부모가 +1.543, 총평균은 +1.4635로 나타났으며 집단간 유의차는 없었다.

15. 아동의 영재성 향상 프로그램 투입 전·후의 교사와 학부모의 인식을 비교한 창의적 특성의 결과 "끊임없이 질문"은 (1.085), "현명한 대답을 제시"는 (1.17), "과격하고 활발하며, 집요"는 (1.28), "즐기면서 사색적이다."는 (1.395), "지적인 유희를 즐기고 있음"은 (1.70), "우습지도 않은 상황에서도 유머를 한다."는 (1.355), "자신의 충동을 특이하게 의식"은 (1.45), "깊이 있는 관찰을 한다."는 (1.46), "불안해하지 않는다."는 (1.365), "권위자의 발표를 그대로 받아들이려 하지 않는다."는 1.14가 향상되었다.

한편 두 집단간 아동의 영재성 계발 프로그램 투입 전·후의 창의적 특성에 대한 교사와 학부모의 인식점수 차이 평균은 교사가 +1.382, 학부모가 +1.298, 총평균은 +1.340로 나타났으며 집단간 유의차는 없었다.

16. 아동의 영재성 향상 프로그램 투입 전·후의 교사와 학부모의 인식을 비교한 리더십 특성의 결과 "반드시 해낸다고 믿는다."는 (1.31), "또래 친구들에게 자신만만하다."는 (1.355), "모둠을 같이 하고 싶어"는 (1.575), "말다툼을 피하려"는 (1.835), "유창한 언어 능력을 구사"는 (1.72), "변화되었을 때에도 혼란되지 않는다."는 (1.565), "사교적이다."는 (1.495), "지배하려는 경향이 있다."는 (1.585), "사회적 활동에 참가한다."는 (1.63), "팀 활성에 잘 협조"는 (1.325)가 향상되었다.

한편 두 집단간 아동의 영재성 향상 프로그램 투입 전·후의 리더십 특성에 대한 교사와 학부모의 인식점수 차이 평균은 교사가 +1.560, 학부모가 +1.519, 총평균은 +1.5395%로 나타났으며 집단간 유의차는 없었다.

17. 아동의 영재성 향상 프로그램 투입 전·후의 교사와 학부모의 인식을 비교한 예술적 특성의 결과 "아이디어를 다양하게 표현하려고 열망한다."는 (1.095), "많은 요소들을 예술작품에 조화시킨다."는 (1.30), "독창적인 해결책에 도달한다."는 (1.39), "그림을 그리면서 설명을 시도한다."는 (1.54), "다양한 실험을 즐긴다."는 (1.49), "예술 매체를 선택하는 경향이 있다."는 (1.39), "신기로움을 파악한다."는 (1.355), "기발한 아이디어 생산"은 (1.47), "창작물을 재생산한다."는 (1.45), "토의하거나 연구하는데 시간을 보낸다."는 (1.245)가 향상되었음 알 수 있다.

한편 두 집단 간 아동의 영재성 향상 프로그램 투입 전·후의 예술적 특성에 대한 교사와 학부모의 인식점수 차이 평균은 교사가 +1.361, 학부모가 +1.384, 총평균은 +1.3725%로 나타났으며, 집단간 유의차는 없었다.

18. 아동의 영재성 향상 프로그램 투입 전·후의 교사와 학부모의 인식을 비교한 유머 및 행동 특성의 결과 "빠른 속도로 적응"은 (1.025), "틈틈이 유머 연습을 한다."는 (1.065), "표정을 효과적으로 사용하며 다양하게 표현한다."는 (1.245), "창의적인 아이디어를 낸다."는 (1.62), "좋은 아이디어를 찾는다."는 (1.385), "관심 있는 대상에 적

극적이다.”는 (1.195), “발전된 모습으로 발표하기를 좋아한다.”는 (1.12), “유머 시간을 즐긴다.”는 (1.245), “향상된 유머를 시도한다.”는 (1.405), “자료를 창의적으로 계발한다.”는 (1.055)가 향상되었다.

한편 두 집단간 아동의 영재성 향상 프로그램 투입 전·후의 유머 및 행동 특성에 대한 교사와 학부모의 인식점수 차이 평균은 교사가 +1.234, 학부모가 +1.238%, 총평균은 +1.236%로 나타났으며, 집단간 유의차는 없었다.

19. “아동의 영재성에 대한 교사와 학부모 집단간의 인식에는 차이가 없을 것이다.”라는 [가설 1]은 수용된다. 다시 말하면 교사와 학부모 집단간 아동의 영재성에 대한 인식에는 차이가 없다 하겠다.

20. “아동에 대한 영재성 향상 프로그램을 투입한 전·후의 교사와 학부모의 영재성 계발에 대한 인식은 차이가 없을 것이다.”라는 [가설 2]는 수용된다. 다시 말해서 아동의 영재성 계발 프로그램의 투입 효과에 대한 교사와 학부모 집단간의 인식에는 차이가 없다 하겠다.

B. 제 언

본 연구의 결과를 토대로 한국의 영재교육 특성화 발전을 위하여 다음과 같이 제언하고자 한다.

1. 영재성 교육 특성화를 조기에 실시할 수 있는 제도적인 장치가

필요하다.

아동들의 잠재력을 최대한 계발하기 위해서는 영재 아동을 조기에 발굴히어 개인별 교육이 이루어져야 한다. 현재까지는 교육 현장에서 정확한 영재 판별 없이 일부 학생만을 대상으로 자율학습 시간이나 특별활동 시간에 교육하기 때문에 영재성이 매우 뛰어난 학생이라도 자신이 속한 학교가 영재교육을 실시하지 않으면 자기 능력 수준에 적절한 교육을 받을 기회가 없다. 따라서 전국적인 표준화된 영재성 판별 도구의 개발이 필요하다.

2. 영재성 교육을 할 수 있는 시설과 프로그램의 개발이 시급하다.

영재 지도교사들의 가장 어려운 점의 하나는 어디에서 무엇을 가지고 가르칠 것인가를 고민하는 것이다. 따라서 영재성 특성화 교육의 확대 실시에 필요한 영재성 판별 도구 및 영재성 계발 프로그램의 보급 등 제반 여건이 빨리 구비되어야 할 것이다.

3. 영재성 계발 교육을 제고하도록 집단 연수 기회를 확대하고, 지도교사의 수를 확충해야 하겠다.

따라서 창의적인 영재교육 특성화를 담당하는 교원의 전문성 신장을 위한 연수 과정을 수준에 따라 지속적으로 실시해야하고 선진국의 영재교육 현장을 견학할 수 있는 기회도 주어져야 한다.

4. 영재성교육 특성화에 대한 다양한 교육과정 개발과 보급이 개선되어야 한다.

영재성 계발 교육은 특정 아동만을 대상으로 하지 않고, 전교생을 대상으로 흥미와 적성에 따라 실시되어야 하므로 다양한 아동의 교육 수요에 부응할 수 있게 교육과정과 프로그램이 개발되어야 하겠다.

5. 영재성 계발을 위한 유관기관간의 클러스터(cluster)의 구축이 요구된다.

교육 수요에 효과적으로 부응하기 위해서는 영재를 조기에 발견하여 학교와 가정, 교육행정 기관은 물론 관련 영·유아 교육기관과 영재교육 전문기관간의 지역 클러스터의 구축이 필요하다. 영재성 계발 교육을 받은 아동들이 중·고등학교에 올라가서도 영재성을 발휘할 수 있도록 영재교육에 관한 교육과정과 체계적인 연계교육이 필요하다. 앞으로 다양한 영재성 계발 프로그램의 개발과 이를 통한 영재성 교육의 효과 분석에 대한 심도 있는 후속연구가 지속적으로 이루어져야 하겠다.

참고문헌

강선구(2003). 창의성 계발 자료(고급), 에듀넷.

강충인(1999). 창의성 교육법, 서울 : 도서출판 해왕.

강호감(2001). 과학교육에서 창의력계발을 위한 전뇌교육, 서울 : 교육과학.

경기도교육청(2002). 창의성 향상 교사 연수, 경기도교육청.

경기도부천교육청(2001. 미래를 열어 가는 창의성 교육, 장학자료 2001-2호

교육인적자원부(2006), 초등학교교사용지도서(과학), p. 35.

구자억 외(2002). 동서양 주요국가 영재교육, 서울 : 문음사.

구종회(2006). "심리발달 특성과 이해", 국제문화대학원대학교 직무연수.

국제영재교육연구회(2006). 영재 창의성 계발 세미나, 배재대학교 학술지원센터.

권치순(2006). "과학 영재교육 프로그램의 개발과 적용", 한국영재교육학회.

김건용(2005). 영재판별 방법론, 국제문화대학원대학교.

김노마(2006). 영재교육 개론, 국제문화대학원대학교 직무연수.

김언주 외(1994). 창의성의 본질과 교육, 대전 : 충남대학교.

김영채(1998). 사고력 이론 개발과 수업, 서울 : 교육과학사.

김정규 외(2003). 우리자녀 천재로 키우는 법, 서울 : 창조문학사.

김정휘 외(1996). 영재 학생을 위한 교육, 서울 : 교육사.

김춘일(2003). 창의성과 인성교육(부천교육청연수자료), 대구대학교.

김홍원(1994). 사고교육과 수업기술, 서울 : 한국교육개발원.

동천초등학교(1994). 흥미 유발 자료의 개발 · 활용을 통한 탐구능력 신장, 연
    구보고

박숙희(1998), "영재성 연구의 역사에 관한 소고", 한국가족복지학, 제3권 1호,
    한국가족복지학회.

박인근(1992). "일본의 과학 영재교육", 충북대학교 : 과학교육연구논총.

서울안천초등학교(1997). 창의성 실험보고서, 서울안천초등학교.

송길연(2001). 발달심리학. 시그마프레스.

송수지(2005). "미성취 영재의 특성 분석 및 개입전략 효과", 박사학위논문.

신세호 외(1980). 창의력 개발을 위한 교육, 서울 : 배영사.

아동학연구회(2006). 세미나자료, 서울 : 아동학연구회.

안홍선(2006). "영재교육과 가족의 역할", 국제문화대학원대학교 직무연수.

영재교육연구회(2005), 아동의 창의성 교육, 세미나 자료.

오치선 (1999). 사회교육, 교육의 수월성, 서울 : 한국교총.

오치선 외(2004). 여러 나라 영재교육, 서울 : 솔과 학.

오치선, 김현수(1995). 기쁨의 교육, 서울 : 금강출판사.

우종옥(2000). 창의력교육과 인성교육, 한국교원대학교.

윤병남(2003). "효율적인 영재교육 운영을 위한 기본 방향과 과제", 한국영재학회.

윤종건(1998). 창의력의 이론과 실제, 서울 : 원미사.

이군현(1991). 기타 외국에서의 과학 영재교육, 한국과학기술원.

이경화(2006). "언어 영재교육 프로그램의 개발과 적용", 한국영재교육학회.

이 영(1987). 유아를 위한 창의적 동작 교육. 서울 : 교문사.

이영덕 외(1995). 창의성 검사, 서울 : 코리안테스팅센터.

이인순(1987). "창의성의 구성요인과 후년효과", 서울 : 성균관대학원 박사학위
    논문.

임선하(1994). 창의성에의 초대, 서울 : 교보문고.

장영주(1997). 초등 창의학습장, 서울 : 한국교육평가원.

전경원(1994). 영재교육학, 서울 : 학문사.

정두희(1998). 창의성개발 프로그램(1,2,3), 서울 : 교보문고.

정종진(2002). "창의성 신장 계발을 위한 교수·학습의 방향", 대구교육대학교.

정찬남(2006). "영재교육과 부모교육", 국제문화대학원대학교 직무연수.

정환기(2006), 학교혁신연수, 경기도안성교육청 일반연수.

조석희(2002). "영재성과 영재교육의 개념 : 피라미드모델", 영재교육연구.

조연순(2001). 교과를 통한 창의적 문제해결력 교육방법 모색, 한국교육.

주영희(1984). 유아를 위한 언어 교육, 서울 : 교문사.

천안서초등학교(2002), "창의성계발자료", 천안교육청.

최종오(2004). "언어 영재를 위한 창의적 심화학습 프로그램 개발 및 효과 검
    증", 박사학위논문, 전남대학교.

태진미(2006). "영재교육직무연수", 국제문화대학원대학교.

한국교육개발원(1990). 창의성 지도자료, 서울 : 한국교육개발원.

한국교육평가원(1993). 창의성 교육의 원리, 서울 : 한국교육평가원.

Barrett, S. L.(1992). *It's all in your head*. MN : Free Sprint Publishing Inc.

Caine, R. N., & Caine, G.(1997). *Making connections* : Teaching and the human brain

(Rev. ed.). Menlo Park, CA : Addison-Wesley.

Callahan, C. M.(1991). *The assessment of creativity : In N. Colangelo & G. A. Davis(Eds.)*, Handbook of Gifted Education. Massaachussettes : Allyn & Bacon.

De Bono, F.(1973). *CoRT thinking, Blandford, Dorset*, England : Direct ducation Servies Limited.

Dzubay, Dawn(2001). *Understanding Motivation & Supporting Teacher Renewal*. Quality Teaching and Learning Series. Iowa State University, Meeting the Needs of Youth:Tips for 4-H Leaders.

Feldhusen, J. F.(1997). *Educating teachers for work with talented youth*. In N. Colangelo & G. A. Davis (Eds.), Handbook of gifted education (pp. 547-552). London : Allyn & Bacon.

Getzels, J. W. & Jackson, P. W.(1962). *Creativity and Intelligence,* New York : Wiley.

Hultgren, H. W., & Seeley, K. R.(1982). Training teachers of the gifted : A research monograph on teacher competencies, Denver : School of Education University of Denver.

Katiyar, P. C. & Jarial, G. S. (1985). Abstract : Training Programs for Developing Creativity in School Children, J. of Creative Behavior. 19.

Marker, C. J.(1993). Creativity, intelligence and problem solving : A definition and design for cross cultural research and measurement related to giftedmess, Gifted Education International. 9. pp. 68-77.

Marland, S. P.(1972).Education of the gifted and talented. Report to the U. S. Congress, Washington, DC : U.S. Government Printing Office.

Merle R. S. & Evelyn M. L. Education of the Gifted, The Ronald Press Co, New York.

Needels, M. C., & Gage, N. L.(1991). Essence and accident in process-product research on teaching, In H. Waxman & H. Walberg (Eds.),

Oh, Chi-Sun(1991). *Lifelong Education*, Seoul : Ji-Young Books.

Oh, Chi-Sun, Kim, Hyon-Soo(1995). *OK Training Program for Youth*, Seoul : Ji-Young Books.

Osborn, A. F.(1963). *Applied Imagination*, Seoul : Bae young sa.

Owen, J. (1982). Long-term gifted education using SOI, Waco, TX : Project SPRING Education Service Center.

Patton, S. Kaplan, G. B. & Shore, B.(1982). Intense program of gifted using SOI, Macgill University Summer School for the gifted and Talented.

Renzulli, J.S.(1978). What makes giftedness? Re-examining a definition, *Phi Delta Kappan.*

60. pp. 180-184.

Silverman, L. K.(1982). *The gifted and talented,* In E. L. Meyen (Ed.), Exceptional children and youth (pp. 184-190). Denver : Love.

Smith. D. D. & Luckasson. R.(1995). *Introduction to Special Education(2th ed.).* Boston : Allyn and Bacon.

Stasinos, D. P.(1984). Enhancing the Creative Potential and Self-Esteem of Mentally Handicapped Greek Children, J. of Creative Behavior. 18.

Story, C. M.(1985). Facilitator of learning, A microethnographic study of the teacher of the gifted Gifted Child Quarterly,

Templeton, M. H.(1984). Effects of Teaching Intervention Strategies on Originality and Elaboration in Third, Fourth, Fifth and Sixth Grade Gifted Students, Dissertation Abstracts International, 44.

Terman, L.M.(1925). Genetic studies of genius. The mental and physical traits of a thousand gifted children(Vol.1) Stanford, CA : Stanford University Press.

Torrance, E. P.(1979). *The Search for Satori and Creativity,* Creative Education Foundation, Buffalo : New York.

부록 1

영재성 언어와 탐구행동 평가를 위한 척도 설문지

안녕하십니까?

바쁘신 중에 수고를 끼쳐 드리게 되어 대단히 죄송합니다. 본 설문지는 「**아동의 영재성교육 특성화에 대한 교사와 학부모의 인식연구**」에 관하여 기초 자료를 얻고자 한 것입니다. 평소에 느끼시는 제자와 자녀의 영재성에 대하여 솔직하게 표시해 주시면 고맙겠습니다. 여러분의 응답 내용은 연구 자료로만 사용될 것이며 2차는 10월 중에 실시될 것입니다.

2006. 3.

국제문화대학원대학교

박사과정 아동교육전공

김성신 올림

*1차 실시 : 2006년 3월 / *2차 실시 : 2006년 10월

이름_______ 학교명_______ 학년_______

* 안내 *

이 척도는 교사와 학부모에게 학습, 동기, 창의력, 지도력, 예술, 유머 행동의 영역에 있어서 아동의 영재성 언행 평가 자료를 제공해 주기 위해 고안되었다. 이 항목들은 영재와 창의적인 인물들에 대한 특성을 다루고 있는 연구 문헌에서 이끌어 냈다. 연구대상 집단 내에서 상당한 개인차가 나타날 수 있다. 따라서 개인별 프로파일도 매우 다양해질 수가 있다. 척도에 있어서의 각 항목은 개별적으로 검토되어야 하며, 각 특성의 유무를 관찰하는데 따르는 정도를 반영해야만 한다. 6개 분야는 비교적 상이한 언어와 행동 경향을 나타내기 때문에, 각각의 척도에서 얻은 점수는 총점을 산출하기 위하여 합계되어져서는 안 된다.

설 문 내 용	전 혀 아니다	대체로 아니다	보통 이다	대체로 그렇다	매 우 그렇다
1. 이런 특성을 좀처럼 또는 관찰한 적이 없다.	●	②	③	④	⑤
2. 이런 특성을 가끔씩 관찰한 적이 있다.	①	●	③	④	⑤
3. 이런 특성을 상당한 정도로 관찰했다.	①	②	●	④	⑤
4. 이런 영재성 언행을 자주 관찰해 왔다.	①	②	③	●	⑤
5. 더 발전된 관찰을 할 것으로 예상이 된다.	①	②	③	④	●

　* 본 설문지는 Renzulli & Hartman의 척도를 중심으로 연구 취지에 맞도록 연구자의 교육 현장 경험과 국제영재교육연구회의 자문을 얻어 재구성한 것이다.

제1부 학습의 특성/설문내용	전 혀 아니다	대체로 아니다	보통 이다	대체로 그렇다	매우 그렇다
1. 나이에 비해 탁월한 어휘력을 가지고 있다(언어적인 행동 특성에 있어서 표현력, 섬세함이 풍부하고 언어가 유창하며 유의미한 방법으로 용어를 이용한다).	①	②	③	④	⑤
2. 다양한 주제에 관한 큰 정보 저장소를 가지고 있다(친구들에 비하여 연령 수준에 따른 일상적인 관심을 넘어선다).	①	②	③	④	⑤
3. 실제적인 정보 자료의 빠른 이해와 회상 능력을 가지고 있으며, 활용을 하려고 시도한다.	①	②	③	④	⑤
4. 원인과 결과 관계에 대한 빠른 통찰력이 있다. 방법과 이유를 알아내려고 애쓴다. 흥미를 갖게 하는 자극적인 질문을 많이 한다.	①	②	③	④	⑤
5. 기본 원리를 즉각적으로 파악해 내며 사건, 사람, 또는 사물에 대한 올바른(타당한) 일반화를 빨리 해낸다. 사건, 사람, 그리고 사물에 있어서의 유사점과 차이점을 찾아낸다.	①	②	③	④	⑤
6. 날카롭고 빈틈없이 관찰해 낸다. 대개 다른 사람들보다 이야기, 영화, 그 밖의 것으로부터 "더 많이 보고", "더 많이 얻는다."	①	②	③	④	⑤
7. 많은 책을 스스로 읽는다. 전기, 자서전, 백과사전과 지리책 등을 좋아하며 대개 어른 수준의 책을 선호한다.	①	②	③	④	⑤

제1부 학습의 특성/설문내용	전 혀 아니다	대체로 아니다	보통 이다	대체로 그렇다	매우 그렇다
8. 복잡한 자료를 각 부분으로 분리해서 이해하려고 노력한다. 스스로의 힘으로 사물을 논리적으로 생각해 낸다. 논리적으로 상식적인 답을 알아낸다.	①	②	③	④	⑤
9. 전문 서적을 읽고 좋아 한다. 특기와 적성에 관련된 책을 좋아하며 난이도가 높은 책을 선호한다.	①	②	③	④	⑤
10. 관심 분야에 대하여 어른과 대화하기를 좋아하고 호기심을 갖는다. 컴퓨터를 통해 관련 지식을 검색하고 답을 찾는다.	①	②	③	④	⑤

제2부 동기적 특성/설문내용	전 혀 아니다	대체로 아니다	보통 이다	대체로 그렇다	매 우 그렇다
1. 일정한 주제나 문제에 열중하고 몰두한다. 과업성취에 인내와 끈기가 있다.	①	②	③	④	⑤
2. 틀에 박힌 일상 과제에 대해서 쉽게 싫증을 느끼며, 창의적인 활동을 좋아한다.	①	②	③	④	⑤
3. 처음으로 자신을 흥분시킨 일에 있어서 외적인 동기를 거의 필요치 않는다.	①	②	③	④	⑤
4. 완전을 위해서 최선을 다한다. 자기 비판적이다. 자신의 성공과 결과에 대해서 쉽게 만족하지 않는다.	①	②	③	④	⑤
5. 독자적으로 일하는 것을 선호한다. 교사나 부모로부터의 지도를 거의 필요로 하지 않는다.	①	②	③	④	⑤
6. 종교, 정치, 성, 인종 등과 같이 자신의 나이에 흔치 않는 "어른"들의 문제에 관심을 갖는다.	①	②	③	④	⑤
7. 흔히 자기 주장적이며(때때로 공격적이기도 하다), 자신의 신념에 대해 완강하다.	①	②	③	④	⑤
8. 사물, 사람, 그리고 환경을 조직하고 구조화하기를 좋아하며, 주위 사람들에게 보여준다.	①	②	③	④	⑤
9. 옳고 그름, 좋고 나쁨에 대단한 관심이 있다. 사건, 사람, 그리고 사물에 대해서 자주 평가하고 판단을 내린다.	①	②	③	④	⑤
10. 과제 집착력이 강하기 때문에 그 문제가 해결될 때까지 다른 주제로 관심을 바꾸기가 곤란하다.	①	②	③	④	⑤

제3부 창의적 특성/설문내용	전 혀 아니다	대체로 아니다	보통 이다	대체로 그렇다	매 우 그렇다
1. 많은 사물에 대해서 많은 호기심을 나타내 보인다. 어떤 것이든 그리고 모든 것에 관하여 끊임없이 질문을 하려 든다.	①	②	③	④	⑤
2. 문제와 질문에 대한 수많은 의견과 해결책을 산출 해낸다. 흔히 독특하고, 색다르며, 현명한 대답을 제시한다.	①	②	③	④	⑤
3. 의견의 표현이 자유롭다. 때때로 의견 불일치에 있어서 과격하고 활발하며, 집요하다.	①	②	③	④	⑤
4. 모험을 무릅쓰고 도전을 하며, 비록 실수를 하더라도 즐기면서 사색적이다.	①	②	③	④	⑤
5. 많은 지적인 유희를 즐기고 있음을 나타내 보인다. 공상하고, 상상한다.	①	②	③	④	⑤
6. 예리한 유머감각을 나타내 보인다. 다른 사람들에게는 우습지도 않은 상황에서도 유머를 한다.	①	②	③	④	⑤
7. 자신의 충동을 특이하게 의식하며 스스로의 불합리에 더욱 노출되어 있다. (남자의 경우 여성적인 관심을 보다 자유롭게 표현하고 여자의 경우 더욱 더 독립적이다.)정서적 감성을 나타낸다.	①	②	③	④	⑤
8. 아름다움에 대해서 민감하며, 깊이 있는 관찰을 한다. 사물에 대한 심미적 특성을 나타낸다.	①	②	③	④	⑤
9. 비 순종적이다, 무질서를 받아들인다. 세부적인 것에 대한 관심이 없다. 개인주의적이다. 특이하다 는데 대해서 불안해하지 않는다.	①	②	③	④	⑤
10. 건설적으로 비판한다. 비판적인 검토 없이 권위자의 발표를 그대로 받아들이려 하지 않는다.	①	②	③	④	⑤

제4부 리더십 특성/설문내용	전 혀 아니다	대체로 아니다	보통 이다	대체로 그렇다	매 우 그렇다
1. 임무를 잘 수행한다(책임감이 강하다). 자신이 약속한 것은 반드시 해낸다고 믿을 수 있으며 그것을 잘 해낸다.	①	②	③	④	⑤
2. 어른은 물론 사기 또래 친구들에게 자신민만히다 (자신의 일을 잘 나타내 보이라고 요구받으면 만족스럽게 기꺼이 해낸다.)	①	②	③	④	⑤
3. 급우들이 많이 따르고 협조적이며, 모둠을 같이 하고 싶어 하는 등 매우 좋아한다.	①	②	③	④	⑤
4. 교사와 급우들에게 협조적이다. 말다툼을 피하려 하며 일반적으로 쉽게 어울린다.	①	②	③	④	⑤
5. 자신을 잘 표현한다. 유창한 언어 능력을 구사하며 대개 잘 이해되어진다.	①	②	③	④	⑤
6. 새로운 환경에 잘 적응한다. 사고와 행동에 있어서 융통성이 있다. 일상과정이 변화되었을 때에도 혼란되지 않는다.	①	②	③	④	⑤
7. 다른 사람과 함께 있는 것을 즐긴다. 사교적이며 혼자이기를 바라지 않는다.	①	②	③	④	⑤
8. 남들과 함께 있을 때 그들을 지배하려는 경향이 있다. 대개 자신이 포함된 활동으로 그들을 이끈다.	①	②	③	④	⑤
9. 단체생활과 관련된 대부분의 사회적 활동에 참가하고, 더 발전된 아이디어를 제공한다.	①	②	③	④	⑤
10. 체육활동에서 탁월하다. 팀 활성에 잘 협조해 나가며 모든 운동 경기를 즐긴다.	①	②	③	④	⑤

제5부 예술적 특징/설문내용	전 혀 아니다	대체로 아니다	보통 이다	대체로 그렇다	매 우 그렇다
1. 예술 활동에 참여하기를 좋아한다. 아이디어를 시각적으로 표현하려고 열망한다.	①	②	③	④	⑤
2. 많은 요소들을 예술작품에 조화시킨다. 예술작업의 대상과 내용을 변화시킨다.	①	②	③	④	⑤
3. 예술적인 문제에 대해서 전통적이고 관습적인 것에 반대되는 독창적인 해결책에 도달한다.	①	②	③	④	⑤
4. 예술적인 연구과제에 장기간 동안 대화를 나누거나 그림을 그리면서 설명을 시도한다.	①	②	③	④	⑤
5. 상이한 매체를 이용하여 효과를 자발적으로 시험해 본다. 여러 가지 자료와 기법을 이용해서 실험 한다.	①	②	③	④	⑤
6. 자유 활동이나 교실에서(자습), 과제에서 그리기, 만들기 등 예술 매체를 선택하는 경향이 있다.	①	②	③	④	⑤
7. 환경에 특별히 민감하다. 그는 예민한(날카로운) 관찰자이고 신기로움을 파악하고 다른 사람이 못 보는 것을 본다.	①	②	③	④	⑤
8. 예술 작업에서 균형과 양식을 기발한 아이디어로 생산해 내고 상대를 설득하기도 한다.	①	②	③	④	⑤
9. 자신의 작업에 대해 비판적이고, 작품의 질에 대해 높은 표준을 설정하며 작업을 세련되게 하기 위해 때때로 창작물을 재생산한다.	①	②	③	④	⑤
10. 다른 학생의 작업에 관해 토의하거나 연구하는데 시간을 보내는 등 관심을 나타낸다.	①	②	③	④	⑤

제6부 유머 및 행동의 특성/설문내용	전 혀 아니다	대체로 아니다	보통 이다	대체로 그렇다	매 우 그렇다
1. 연극이나 풍자에 자발적으로 참여하고 빠른 속도로 적응을 하면서 성실하게 연습을 한다.	①	②	③	④	⑤
2. 이야기를 쉽게 하고 경험을 쉽게 전달하며 틈틈이 연습을 하면서 적극적으로 참여한다.	①	②	③	④	⑤
3. 감정을 전달하기 위해 제스처와 얼굴 표정을 효과적으로 사용하며 다양하게 표현한다.	①	②	③	④	⑤
4. "현장에서 즉석으로 하는" 역할 연기, 즉흥 연기, 연출에 유능하고 창의적인 아이디어를 낸다.	①	②	③	④	⑤
5. 개그맨들의 흉내를 잘 내며 친구들을 웃기면서 상대의 생각을 유도하고 더 좋은 아이디어를 찾는다.	①	②	③	④	⑤
6. 타인의 소리와 태도를 거의 비슷하게 흉내를 내면서 주위를 웃기고, 관심 있는 대상에 적극적이다.	①	②	③	④	⑤
7. 말을 하면서 동작이 크고 표정이 다양하며, 대중 앞에서 더 발전된 모습으로 발표하기를 좋아한다.	①	②	③	④	⑤
8. 유머 시간을 즐기며 틈만 있으면 대화를 시도하고 웃기거나 다음에는 뭘 할까 하고 상의도 한다.	①	②	③	④	⑤
9. 지난 개그 프로를 이야기하며 더 향상된 유머를 시도하거나 친구들을 참여 시킨다.	①	②	③	④	⑤
10. 유머에 사용할 자료를 창의적으로 개발하여 친구와 가족을 놀라게 하며 웃긴다.	①	②	③	④	⑤

김성신 ──────────────────────────

교육학 박사, 아동학 전공
사회복지 법인 사랑원 원장 역임
정읍시 평생학습운영위원 및 도서관운영위원 역임
유아교육 실천 연구회 회장 역임
한국 평생교육사 협회 이사 역임
정읍 YMCA 청소년 상담소 소장 역임
현) 국제문화대학원대학교 기획실장
　　백석문화대학 사회복지학부 강사
　　사단법인 성결원 운영위원
　　한국청소년학회 정회원
　　국제영재교육학회 부회장

『평생교육 개론』
『영재커뮤니케이션론』
『전뇌교육론』
『아동복지론』
『가위, 바위, 보』
「어린이 집 교사의 직무만족도에 관한 연구」
「아동학대 상처 치유를 위한 복지 멘토링연구」
「아동 영재성교육 특성화에 대한 교사와 학부모의 인식연구」
「성인교실의 운영을 통한 평생교육 활성화 연구」
「청소년 교정복지 증진을 위한 사회교육 방안연구」

Special Education
for the Gifted Specialization

영재교육
특성화

초 판 인 쇄 | 2009년 10월 1일
초 판 발 행 | 2009년 10월 1일

지 은 이 | 김성신
펴 낸 이 | 채종준
펴 낸 곳 | 한국학술정보㈜
주   소 | 경기도 파주시 교하읍 문발리 파주출판문화정보산업단지 513-5
전   화 | 031) 908-3181(대표)
팩   스 | 031) 908-3189
홈 페 이 지 | http://ebook.kstudy.com
E-mail | 출판사업부 publish@kstudy.com
등   록 | 제일산-115호(2000. 6. 19)

ISBN   978-89-268-1707-0 93370 (Paper Book)
            978-89-268-1708-7 98370 (e-Book)